El traductor y el texto

Ariel

Ariel Lenguas Modernas

Pilar Elena

El traductor y el texto

Curso básico de traducción general (alemán-español)

Editorial Ariel

Diseño cubierta: Nacho Soriano

1.ª edición: febrero 2001

ISBN: 84-344-8118-9

Depósito legal: B. 2.583 - 2001

Impreso en España

ÍNDICE

PARTE II

TEXTO PUBLICITARIO

FUNCIÓN PRIMARIA: APELATIVA

PARTE III

TEXTO LITERARIO

FUNCIÓN PRIMARIA: EXPRESIVA

INTRODUCCIÓN
A LA TRADUCCIÓN GENERAL

Enseñar o aprender a traducir es desarrollar lo que se llama en términos de la teoría de la traducción la competencia traductora, que es la suma de conocimientos y destrezas que abarcan varios campos de aprendizaje como son el dominio de la lengua, de la cultura, de la capacidad contrastiva, y de la utilización de los medios auxiliares necesarios para la traducción. Esto quiere decir que en este tipo de enseñanza se cuenta de antemano con unas aptitudes de los alumnos y unos conocimientos previos, que hay que ir desarrollando y ampliando a la vez que se transmiten unos hábitos procedimentales, consistentes fundamentalmente en saber plantear una estrategia y aplicar las técnicas adecuadas para conseguir un trabajo rápido y bien hecho.

La primera fase de un entrenamiento técnico eficaz es la presentación de un modelo formado por secuencias parceladas en componentes más pequeños. Todo este proceso (diseño y presentación del modelo, parcelación, señalización de objetivos) ha de estar guiado por el docente, para lo que se requiere por parte de éste un control de la materia tanto desde la perspectiva teórica y profesional como pedagógica, dominios a los que se suma la facultad de prever los conocimientos previos de los alumnos con el fin de jerarquizar y dosificar las nuevas informaciones.

Para los que comienzan sus estudios en este campo el itinerario formativo parte de la siguiente idea: como preparación a la traducción todo traductor debe apropiarse de unos mecanismos que le permitan situar el marco de su actuación profesional. Esta preparación arranca de un modelo de análisis apropiado, relevante para la traducción, al principio explícito —más tarde, a través de la práctica, se convertirá en implícito, automatizado—, que posibilite obtener la información necesaria acerca del texto. El modelo de análisis textual desde el punto de vista de la traducción debe ser breve, para ser eficaz, y puede ser variable; es decir, puede abarcar la globalidad o fijarse en cuestiones muy concretas, que siempre serán debidamente especificadas por el profesor.

Dependiendo del texto y del grado de formación del (futuro) traductor se pueden ir incorporando datos nuevos al análisis, incluso a veces se tratará tan sólo de tener en cuenta algunos de los parámetros del esquema ofrecido. Sea cual sea el modelo que se ofrezca, para que la instrucción dé sus frutos conviene que parte de las secuencias se basen en algo ya conocido, que la cantidad de elementos de la secuencia no sea excesiva y que todo el conjunto constituya un programa de actuación congruente. No obstante, en este lugar conviene hacer una distinción entre lo que representa una información o acceso a ella (documentación) y una adquisición de conocimientos, terrenos ambos fundamentales en la formación de un traductor. Como señala W. Wilss (1997), una gran parte de la información que recibimos a diario no se convierte en conocimiento porque no se almacena o se hace de tal forma que es difícil su recuperación: sólo la información debidamente almacenada y con posibilidades de recuperación se convierte en conocimiento. El problema en una época como la nuestra con la gran profusión de datos es saber cuáles son útiles y qué método de almacenaje, incluida nuestra memoria permanente, es el conveniente. Esto quiere decir que en todo el proceso de análisis y documentación se accede a datos que constituyen la información y otros que, por su misma naturaleza, deben procesarse y permanecer como conocimiento. Ambos aspectos son esenciales en el proceso de aprendizaje de la traducción. Como dice Pozo (1996, 155): "... en esta sociedad de la información deberían 'empaquetarse' sólo aquellos conocimientos que vayan a ser claramente funcionales para la adquisición de otros conocimientos, es decir, aquellos que se usen con frecuencia como un instrumento en situaciones de doble o múltiple tarea". Este "empaquetar" se realiza por medio de la condensación de piezas de información (a través de la repetición) propia del primer estadio en el proceso de aprendizaje, al que le siguen la automatización del conocimiento, lo que "permite formar en la memoria permanente piezas de información que se disparan en presencia de los indicios adecuados".

De todo lo antedicho se concluye que para una correcta formación se requieren dos bases fundamentales. Por un lado, una explicación clara del 'qué hacer' y 'cómo y cuándo hacerlo' y, por otro, una repetición de las secuencias que deben pasar a formar parte del conocimiento o de los hábitos de actuación.

Desde el punto de vista de la traducción un modelo de análisis es, por tanto, un instrumento que sirve para seleccionar los datos, globales y particulares, que permitan crear una planificación de la actuación traductora, es decir, una estrategia para la realización de la traducción en todas sus fases (preparación, transferencia y revisión). La primera parte del análisis desencadena la recogida de información sobre datos extralingüísticos (por ejemplo, acerca del autor y del tema), información que por regla general se deposita en un almacén externo (fichas, ordenador, etc.). En una segunda etapa se extraen las particularidades textuales, sintácticas y léxicas del mismo. Esta última fase se realiza, por tanto, también a nivel microtextual y generalmente se centra en los problemas referidos a cuestiones particulares del texto en las que están muy implicadas, esto conviene subrayarlo, las características propias de las lenguas con las que se trabaja. En esta fase se activan especialmente los conocimientos lingüísticos, textuales y contrastivos en ambos aspectos, conocimientos previos que deben ser ampliados gradualmente. Además de estos conocimientos previos, con frecuencia implícitos, el dominio de ciertos procedimientos como la correcta utilización de todo tipo de diccionarios, por citar alguno, conforma una parte importante del bagaje de conocimientos (declarativos y procedimentales) del traductor.

Llevado todo esto a la práctica docente, se refleja en la clase sobre todo en una serie de ejercicios de preparación, de traducción y revisión de textos, pero también en trabajos que requieren una reflexión sobre problemas concretos o determinados planteamientos de traducción (trabajos que suelen acompañar a la propia traducción del texto) que tienen la finalidad de hacer explícitos conocimientos implícitos, lo que ayuda a solucionar determinado tipo de problemas —reconduciendo hábitos ya adquiridos—, y proporciona datos al docente sobre los conocimientos previos y la manera de proceder del alumno.

Dicho todo lo cual, en este libro se propone una enseñanza de la traducción estructurada en módulos, que se caracterizan por unas determinadas variantes tanto internas como externas:

1. Por sus variantes internas las unidades se dividen en:

— Clases de introducción al tipo de texto con modelo de análisis, estudio de las características generales de las clases de texto que se presentan, así como guía de actuación o procedimiento.

— Ejercicios de iniciación, donde se refleja en la práctica lo expuesto en la introducción.

— Ejercicios de consolidación, en los que se tratan problemas nuevos y se repite parte de lo ya tratado. En estos ejercicios los alumnos van adquiriendo una cierta autonomía de actuación.
— Ejercicios de aplicación de lo aprendido. El estudiante mismo realiza procedimientos similares a los ya efectuados.
— Ejercicios de actuación, en los que los conocimientos adquiridos se aplican autónomamente.

Cualquiera de estos ejercicios se pueden llevar a cabo dos o más veces (ejercicios de repaso o de repetición).

2. Los ejercicios precedentes pueden ser desarrollados aplicando una serie de variantes externas:

— Trabajo individual o en grupo.
— Tipo de control: tema, método, organización propuestos por el profesor o por el alumno.
— Presentación del trabajo: grado de elaboración, limitación temporal, modo de presentación (escrito, oral).

En resumen, los diferentes tipos de ejercicios con sus modalidades podrían representarse como sigue:

	Profesor **(T)eoría/(P)ráctica**	**Alumno** **Trabajo** **(i)ndividual/(g)rupo**
I. Introducción al tipo de texto	X (t) ⇒	
II. Ejercicio de iniciación	X (p) ⇒	
III. Ejercicio de consolidación	X (p) ⇔	⇔ X (g)
IV. Ejercicio de aplicación		⇐ X (i/g)
V. Ejercicio de actuación (autónoma)		⇐ X (i)

La asignatura de *Traducción General B-A* es el punto de arranque de todas las demás asignaturas de traducción a lo largo de la Licenciatura en Traducción, por ser la primera de estas características para el estudiante. Constituye, por tanto, un campo propicio para sentar las bases metodológicas y la forma de actuar frente a los textos. El profesor y el estudiante disponen únicamente de 6 créditos —que tendrán que ser compensados necesariamente con el trabajo en casa—, para enseñar y aprender a mirar los textos, el de origen y el de destino; hecho que implica saber extraer del texto de origen los datos pertinentes para la traducción, saber catalogar los problemas, saber aplicar los diferentes recursos y, sobre todo, dominar en el plano textual la lengua de destino.

Así pues, los objetivos que se pretenden son los siguientes:

— conocer las características de cada tipo de texto,
— saber aplicar el modelo de análisis pertinente para la traducción,
— reconocer problemas y catalogarlos,
— buscar documentación,
— así como plantear estrategias de traducción y emplear las técnicas adecuadas.

Desde la perspectiva de los estudiantes, el aprendizaje abarca diferentes etapas que implican para ellos tareas distintas; los pasos que se siguen, aunque con variantes, suelen ser los siguientes:

1.º Clase de introducción a cada tipo de texto con el modelo de análisis.

2.º Planteamiento del ejercicio de preparación y realización de la traducción.

3.º Labor de documentación, primer borrador de traducción (con los problemas —de la fase de lectura o de escritura— subrayados).

4.º Comentario en clase de problemas textuales morfosintácticos, semánticos o de traducción (ejercicios sistemáticamente organizados siguiendo paso a paso el 'método comentado': describir problemas, proponer soluciones, enumerar medios empleados, tomar decisiones y fundamentarlas).

5.º Planificación de la traducción definitiva.

6.º Entrega al profesor de la propia traducción en la forma y formato adecuados.

El programa de introducción a la traducción se divide en tres partes, cada una de ellas está dedicada a un bloque de textos. En la primera parte se trata la traducción de noticias (función textual primaria: informativa); en la segunda se plantea el trabajo con mensajes publicitarios (función textual primaria: apelativa), y en la última se analizan los problemas de la traducción literaria con narraciones cortas o fragmentos (función textual primaria: expresiva) como textos de origen.

Los textos informativos de origen proceden del periódico alemán *Frankfurter Allgemeine Zeitung* (FAZ), el diario EL PAÍS sirve de referencia para los textos paralelos. Los mensajes publicitarios se encuentran en distintos medios de la prensa diaria y semanal. Los textos literarios son de los autores Max Frisch, Peter Bichsel, Martin Walser, Heinrich Böll y Luise Rinser.

El material de trabajo ha sido seleccionado:

— En primer lugar por la función primaria de los textos, lo que permite ejercitar procedimientos de traducción variables, enfocados a reconocer y transmitir los datos informativos en el caso del texto periodístico, los elementos apelativos en los textos publicitarios o los rasgos propios del autor en el texto literario.

— También por los problemas culturales, temáticos (terminológicos), léxicos o morfosintácticos que presentaban (la conjunción de problemas en uno o varios de estos apartados supondría el nivel de dificultad del texto),

— Y, por último, por la adecuación del material al tiempo de las unidades lectivas.

La espiral interactiva del recorrido didáctico se cierra con la evaluación de los trabajos presentados por los estudiantes, hecho que debe repercutir tanto en los alumnos como en los docentes, porque los resultados de las correcciones efectuadas deben servir también para detectar fallos en el proceso de enseñanza/aprendizaje. Las conclusiones de estos resultados permitirán al docente variar o repetir cierto tipo de ejercicios, o incorporar otros nuevos adecuados a los diferentes estadios del proceso formativo. Es decir, la evaluación no sólo tiene el objetivo de corregir un trabajo, de dar una nota al estudiante por la traducción aportada, sino de modelar la conducta del futuro traductor con el fin de que sea capaz de afrontar los problemas de traducción que se le presentan en cada caso.

Los objetivos de toda evaluación pueden estar más o menos claros, pero no así el procedimiento, tanto desde el punto de vista del cómo como desde la idea del cuánto. Esto es, qué se debe evaluar y cuánto se debe penalizar (o gratificar) por los errores cometidos (o los aciertos dados).

Antes de entrar en estas puntualizaciones conviene tener en cuenta la fase formativa que se está valorando: el periodo completo de la formación del traductor o una etapa determinada, incluso un paso dentro de esa etapa (lo que en un primer curso podría ser tolerable, no lo es al final de la Licenciatura). Tampoco hay que olvidar que así como en el mundo real profesional existen diferentes clases de encargos de traducción por parte del cliente, también se pueden dar encargos determinados en el ámbito docente por parte del examinador. Además, todo esto coexiste con la variante del par de lenguas con las que se trabaja, a lo que cabe añadir el componente restrictivo de los problemas de traducción tratados en la clase (Nord: 1996). Considerando todas estas circunstancias parece lógico que el modelo de corrección (taxonomía de errores y ponderación de éstos) tenga que ser variable; expresado de otra forma, se pueden utilizar varios modelos de corrección con la única condición de ofrecer al alumno previamente las respuestas a las preguntas qué modelo, cómo se utiliza, cuándo y por qué, entre otras razones porque ellos mismos tienen que saber manejarlos en los ejercicios de revisión.

La gama de modelos de corrección puede ser amplia, uno de sus extremos estaría representado por un modelo global (holístico: *vid.* Waddington: 1999) de valoración de traducciones, cercano al utilizado para revisar trabajos de profesionales (Robinson: 1996), que sería, por tanto, adecuado para los últimos años de la formación. La composición de este modelo podría ser la siguiente:

1.	PRECISIÓN EN LA TRADUCCIÓN. EL TRASLADO CORRECTO DE INFORMACIÓN Y LA SEGURIDAD (POR PARTE DE LA PERSONA QUE LA CORRIGE) DE QUE SE HA ENTENDIDO PERFECTAMENTE EL TO.
2.	ELECCIÓN APROPIADA DE LÉXICO, FRASES IDIOMÁTICAS, TERMINOLOGÍA Y REGISTRO.
3.	COHESIÓN, COHERENCIA Y ORGANIZACIÓN.
4.	ASPECTOS RELACIONADOS CON LA GRAMÁTICA, ORTOGRAFÍA, ACENTUACIÓN, PUNTUACIÓN Y LA TRANSFERENCIA DE FECHAS, NOMBRES Y CIFRAS.
5.	[COMENTARIO DE SU PROPIO PROCESO TRADUCTOR.]

La valoración de la traducción se realiza en función del grado de revisión que requiera el trabajo presentado: la máxima nota la alcanzarían aquellos trabajos que no necesiten revisión posterior; no llegarían al aprobado aquellas traducciones que necesitaran una revisión general para ser aceptables.

Para los primeros cursos el modelo utilizado es mucho más preciso en cuanto a la denominación del tipo de error, lo cual no quiere decir que desde el principio se utilice el modelo con toda la gama de errores posibles. Puede ser más útil comenzar con modelos parciales que contengan sólo determinado tipo de errores (p. ej. del grado de información dada, o de determinadas construcciones sintácticas: el orden sintáctico, la temporalidad; o de algunas elecciones léxicas en el caso de nombres abstractos o compuestos) para ir completando el modelo progresivamente (una gran cantidad de errores señalados no sólo desmotiva al alumno, sino que al mismo tiempo difumina la importancia de cada error en particular). El esquema que se ofrece es el general (cf. los modelos propuestos por Hurtado: 1996 y Waddington: 1999), los aspectos correctores parciales se pueden desgajar de él y ser ampliados convenientemente (p. ej.: gramática en diez clases de errores posibles o léxico en cuatro, etc.):

1. **ERROR DE TRADUCCIÓN (0,5-1): afecta a la comprensión del contenido del TLO por parte del destinatario de la traducción**
— Transmisión de significado (S): sin sentido, falso sentido, contrasentido, no mismo sentido, ambigüedad
— Transmisión de información (+I) / (-I)
— Transmisión de datos culturales (C)
2. **ERROR DE LENGUA (0,10-0,5)**
— Ortografía, puntuación (O)
— Léxico (L)
— Gramática (Gr)
— Estilo (E)
— Convenciones textuales (Ct)

Referencias bibliográficas

BÜHLER, H., «Textlinguistische Aspekte der Übersetzungsdidaktik». En: W. Wilss / G. Thome (eds.), 1984, 250-259.

DRESCHER, H. W. (ed.), *Transfer. Übersetzen – Dolmetschen. Interkulturalität*. Frankfurt: Peter Lang, 1997.

ELENA, P., «Metodología de la enseñanza de la traducción». En: *Hieronymus Complutensis* 4-5/1997, 65-70.

GÖPFERICH, S., *Textsorten in Naturwissenschaften und Technik*. Tübingen: Narr Verlag, 1995.

HELBIG, G., «Zur Stellung und zu Problemen der Textlinguistik». En: *Deutsch als Fremdsprache* 5/1980, 264-265.

HOLZ-MÄNTTÄRI, J. / C. NORD (eds.), *Traducere navem*. Festschrift für K. Reiss zum 70. Geburtstag. Tampere, 1993.

HURTADO ALBIR, A., «La enseñanza de la traducción directa "general". Objetivos de aprendizaje y metodología». En: A. Hurtado (ed.), *La enseñanza de la traducción*. Castellón: Publicaciones de la Universidad Jaume I, 1996, 31-56.

HURTADO ALBIR, A. (dir.), *Enseñar a traducir*. Madrid: Edelsa, 1999.

KUSSMAUL, P., «Empirische Grundlagen einer Übersetzungsdidaktik». En: Holz-Mänttäri, J. / C. Nord (eds.), 1993, 275-286.

KUSSMAUL, P., «Möglichkeiten einer empirisch begründeten Übersetzungsdidaktik». En: M. Snell-Hornby *et al.*, 1994, 377-385.

LAUER, A. (ed.), *Übersetzungswissenschaft im Umbruch*. Festschrift für W. Wilss zum 70. Geburtstag. Tübingen: Narr, 1996.

MATT, P. *et al.*, «Übersetzungsrelevante Typologie deutscher und französischer Texte. Bericht über ein Forschungsprojekt». En: *Zeitschrift für germanistische Linguistik* 6/1978, 223-233.

NORD, C., «Wer nimmt denn mal den ersten Satz?». En: Lauer, A. (ed.), 1996, 313-327.

NORD, C., «El error en la traducción: categorías y evaluación». En: A. Hurtado (ed.), *La enseñanza de la traducción*. Castellón: Publicaciones de la Universidad Jaume I, 1996, 91-108.

POZO MUNICIO, J. I., *Aprendices y maestros*. Madrid: Alianza, 1996.

PUENTE FERRERAS, A. (ed.), *Cognición y aprendizaje. Fundamentos psicológicos*. Madrid: Pirámide, 1998.

PRESAS, M., «Enfoque modular de la didáctica: Tareas para la adquisición de la competencia traductora». En: Elena, P. *et al.* (eds.), *Universo de palabras. Actas del I Simposio de la traducción del/al alemán*. Salamanca, 1999, 381-393.

REISS, K., *Texttyp und Übersetzungsmethode. Der operative Text*. Kronberg: Skriptor,1976.

REISS, K. / H. VERMEER, *Grundlegung einer allgemeinen Translationstheorie*. Tübingen: Niemeyer, 1984.

ROBINSON, B., «La evaluación de la traducción». En: *Actas de las I Jornadas sobre diseño curricular del traductor e intérprete*. Granada, 1996, 199-208.

STOLZE, R., «Translatorische Kategorien – Zur Rolle der Linguistik in der Translationsdidaktik». En: Snell-Hornby, M. (ed.) 1994, 387-394.

WADDINGTON, C., *Estudio comparativo de diferentes métodos de evaluación de traducción general (inglés-español)*. Tesis doctoral de la Universidad Pontificia de Comillas. Madrid, 1999.

WERLICH, E., *Typologie der Texte*. 2.ª ed. Heidelberg: Quelle & Meyer, 1979.

WILSS, W., «Ansichten zu einem zukünftigen Übersetzungsunterricht». En: *Lebende Sprachen* 1/1997, 1-4.

WILSS, W., «Überlegungen zum übersetzerischen Lehr- und Lernprozess». En: Holz-Mänttäri, J. / C. Nord (eds.), 1993, 103-115.

WILSS, W., «Was ist Übersetzungsdidaktik? Versuch einer Faktorenanalyse». En: *Lebende Sprachen* 2/1992, 56-60.

WILSS, W. / G. THOME (eds.), *Die Theorie des Übersetzens und ihr Aufschlusswert für die Übersetzungs- und Dolmetschdidaktik*. Tübingen: Narr, 1984.

Manuales de traducción

AYAD, E. / C. SAUTERMEISTER, *La traduction allemand - français*. München: Hueber, 1975.

BERSCHIN, H. / S. VICENTE, *Übersetzung Deutsch - Spanisch*. München: Hueber, 1986.

BRAEM, H. M., *Übersetzerwerkstatt*. München: dtv, 1979.

ELENA GARCÍA, P., *Curso práctico de traducción. Alemán-Español*. Salamanca: Ed. Universidad, 1994.

GIL, A. / E. BANÚS, *Kommentierte Übersetzungen Deutsch-Spanisch. Texte, Musterübersetzung, vergleichende Grammatik*. Bonn: Romanistischer Verlag, 1993.

HAENSCH, G., *Deutsche Texte zum Übersetzen*. München: Hueber, 1984.

HAENSCH, G. / F. LÓPEZ-CASERO, *Deutsche Wirtschaftstexte zum Übersetzen*. Ismaning: Hueber, 1989.

HAENSCH, G. / CH. KRAUSS (eds.), *99 deutsche Texte zum Übersetzen*. 3.ª ed. Ismaning: Hueber, 1983.

HALM, W./G. HAENSCH, *Textos españoles para ejercicios de traducción*. München: Hueber, 1969.

HERMS, D., *Englisch - deutsche Übersetzung*, München: Hueber, 1971.

HURTADO ALBIR, A. (dir.), *Enseñar a traducir*. Madrid: Edelsa, 1999.

MÖNNIG, R., *Übersetzungen aus der deutschen Sprache. Traducciones del alemán*. 2.ª ed. Göttingen: Vandenhoeck & Ruprecht, 1964.

NORD, C., *Übersetzen lernen - leicht gemacht. Ein Kurs zur Einführung in das professionelle Übersetzen aus dem Spanischen ins Deutsche*. Heidelberg: Universitätsdruckerei, 1990.

ROSSELL IBERN, A. M., *Manual de traducción. Alemán / Castellano*. Barcelona: Gedisa, 1996.
SMITH, V. / C. KLEIN-BRALEY, *In other words. Arbeitsbuch Übersetzung*. München: Hueber, 1985.
SNELL, M., *German - english prose translation*. München: Hueber, 1972.
TRICÁS PREKLER, M., *Manual de traducción francés-castellano*. Barcelona: Gedisa, 1995.
VICENTE, S., *Arbeitstexte für den Übersetzer. Manual práctico de traducción. Deutsch-Spanisch / español-alemán*. Madrid: Alhambra, 1988.
ZARO, J. J. / M. TRUMAN, *Manual de traducción. Textos españoles e ingleses traducidos y comentados*. Madrid: SGEL, 1999.

PARTE I

TEXTO INFORMATIVO

FUNCIÓN PRIMARIA: INFORMATIVA

Capítulo 1

INTRODUCCIÓN A LA TRADUCCIÓN DEL TEXTO INFORMATIVO (NOTICIAS)

Cuando se estudian determinadas clases de texto, establecidas de antemano intuitiva o precientíficamente (Göpferich: 1995), se presuponen conocimientos ya adquiridos por los hablantes de una lengua, aunque muchas veces no conscientes, respecto al uso lingüístico y convenciones textuales propias de esa clase (Castellá: 1994). Este hecho debe ser canalizado y aprovechado al máximo en clase de traducción, porque uno de los principios de la enseñanza se basa en la red de conocimientos que se va ramificando, a la vez que enriqueciendo el tejido ya existente.

Por sus características, entre ellas su grado de estandarización, las noticias ofrecen unas condiciones óptimas para transmitir a los alumnos algunos principios básicos cuando se están iniciando en el campo de la traducción profesional:

— se traducen textos completos, lo que permite conocer la estructura global de éstos (partes, disposición y conexión) porque ésta constituye la base sobre la que trabaja el traductor,

— la documentación en traducción es indispensable y muchas noticias requieren ese trabajo previo en sus distintas formas,

— la traslación de información puede conllevar la variación de las formas que la transmiten, obligando al traductor, por tanto, a adaptarlas en la lengua de llegada para conservar la función original del texto (esto contribuye al mismo tiempo a desterrar los conceptos históricos de libertad o fidelidad al traducir).

El modelo de análisis pertinente para la traducción que se propone para esta clase textual (noticia periodística) es como sigue:

I. Función textual (informativa) + perspectiva (objetiva).
II. Estructura textual.
  II.1. Nivel temático.
    II.1a. Tema [documentación].
    II.1b. Desarrollo.
      ➢ Partes textuales: titular, núcleo, fuentes, detalles, salida.
      ➢ Formas secuenciales: narrativas (descriptivas).
  II. 2. Nivel gramatical.
    II.2a. Referencias (temáticas, locales y temporales).
    II.2b. Tiempos verbales, voz, modo.
    II.2c. Orden sintáctico, clases de oraciones, conectores.

I. Función: informativa (perspectiva objetiva)
II. Estructura: nivel temático + nivel gramatical
— Nivel temático: Tema + Desarrollo (partes textuales + formas secuenciales)
— Nivel léxico y gramatical: Referencias + Formas verbales + Sintaxis

Como se ha apuntado anteriormente, el punto de partida para el análisis de un texto es la determinación intuitiva de la clase de texto. Se parte ya de algo fundamental que es el hecho de reconocer que el texto que se tiene delante es, en este caso, una noticia o texto con un formato determinado que cuenta un hecho noticioso y lo sitúa en el espacio y en el tiempo.

I. **Función textual:** El objetivo fundamental de la noticia es informar de una forma objetiva. [Se plantea la estrategia global de la traducción partiendo de la función (informativa) y la perspectiva textual (objetiva). La forma lingüística estará en función del contenido: se transmiten datos informativos según la norma de uso en la lengua de llegada.]

II. **Estructura textual:**

II.1. NIVEL TEMÁTICO

II.1a. *Tema* [Muy frecuentemente requiere una documentación básica que se puede realizar a través de textos paralelos, similares, complementarios, enciclopedias, etc. En conjunto, las referencias que aparecen a lo largo de estos textos son repetitivas en alemán o se basan en el uso del compuesto.]

II. 1b. *Desarrollo*
Partes textuales:

➢ El titular constituye la señal de apertura y junto a los datos locales, temporales y de procedencia (línea de datación) que se sitúan antes de iniciar el texto propiamente dicho ayudan al traductor a situar las coordenadas de la noticia. El título es casi siempre un mensaje corto que da de forma comprimida el contenido de la noticia. [En alemán suele aparecer con un estilo muy nominalizado, es normal la ausencia de formas verbales conjugadas. En español se prefiere la forma verbal expresa, los llamados titulares-motores (Grijelmo, 1997: 454).]

➢ El tema principal o núcleo de la información es narrado en la primera parte del texto (en algunas noticias es la entradilla o bien el primer párrafo del cuerpo textual). [En el núcleo, la sintaxis se vuelve intrincada y envolvente, predomina el afán de ofrecer muchos datos en un corto espacio. Por las preferencias de la lengua alemana, a menudo se ofrecen en primer lugar complementos o adverbios de todo tipo que obligatoriamente retrasan el sujeto en la oración, el verbo suele aparecer en perfecto; son abundantes las oraciones de relativo.]

➢ Las fuentes de la información: en este segmento se suele encontrar la fraseología al uso, además de verbos como *sollen* y *wollen* expresando esta misma función (y no la modal objetiva). Las menciones a personas e instituciones, frecuentes en esta parte, requieren documentación específica por parte del traductor.

➢ Los detalles o informaciones complementarias se ofrecen en alemán a través de oraciones enormemente complejas por su longitud frente a oraciones muy breves sin enlaces gramaticales con lo anterior o posterior. Asimismo, es de destacar el uso del estilo directo e indirecto para el que se emplean tiempos propios inexistentes en español.

➢ La salida de la noticia, a veces con algún indicio propio como señal de cierre. Por ejemplo, en aquellas que expresan una perspectiva de futuro, puede aparecer el verbo *sollen* como señal de cierre con ese valor temporal.

Formas secuenciales: Predominantemente narrativas, aunque aparecen subsidiariamente también descriptivas. [En las secuencias narrativas o descriptivas existen diferencias fundamentales en el uso de los tiempos verbales: el alemán utiliza en ambas el *Präteritum*, mientras que en español el tiempo base de la narración es el indefinido, acompañado secundariamente por el imperfecto, y en la descripción en pasado el imperfecto.]

II.2. Nivel gramatical

II.2a. *Referencias* (temáticas, locales y temporales)

[Si el hecho noticioso se centra en una persona, al traducir al español hay que prestar atención a lo siguiente:

— en la primera referencia el nombre propio acompaña al apellido,
— las aposiciones son de dos clases, unas llevan coma (las equivalentes) y otras no,
— las referencias en español suelen cumplir el requisito de la alternancia, no así en alemán. Por lo que concierne a las referencias temporales es necesario prestar atención al tiempo de redacción de la noticia y el momento de su traducción, la distancia entre ellos puede exigir un reajuste temporal en la traducción; en cuanto a las referencias locales, cuando se trata de nombres propios de ciudades o países, conviene asegurarse de su correcta denominación en español.]

II.2b. *Tiempos verbales, voz, modo*

[Ya se ha aludido al uso de perfecto, pasado próximo, en la primera parte de la noticia para pasar a continuación al *Präteritum* o al indefinido, en alemán y en español respectivamente, pero lo más característico de esta clase de textos en alemán es el uso del *Konjunktiv I* como expresión del estilo indirecto, o la aparición del verbo modal *sollen*, y en menor medida *wollen*, ejerciendo también esta función como ya se ha comentado. En las noticias alemanas es muy frecuente el enfoque pasivo del hecho. La voz pasiva, tan poco aconsejada en español, se puede evitar a menudo recurriendo a diferentes recursos (Grijelmo, 1997: 185).]

II.2c. *Conectores*
[Los enlaces interoracionales y las conexiones entre párrafos con frecuencia no están bien señalados, en ocasiones es aconsejable explicitarlos en la traducción.]

Como ejemplo de aplicación a un texto concreto sirva la preparación de la traducción de la siguiente noticia publicada en el *Frankfurter Allgemeine Zeitung* el día 29 de enero de 1998:

Entführter Deutscher auf den Philippinen freigelassen (1)

MANILA, 28. Januar (AFP) (2). Nach zwei Tagen in der Gewalt von Entführern ist am Mittwoch ein Deutscher auf den Philippinen freigekommen (3). Wie die Polizei mitteilte, liessen die Kidnapper den 72 Jahre alten Mann in der Stadt Tanay frei (4). Unbestätigten Angaben zufolge hatte seine Familie 1,2 Millionen Pesos (rund 51 000 Mark) Lösegeld bezahlt (5). Der leitende Mitarbeiter einer Zucht für Laboraffen war am Montag von vier bewaffneten Männern aus seinem Haus in Antipolo in der Nähe der Hauptstadt Manila verschleppt worden (6).

Der philippinischen Staatschef Ramos forderte das Innenministerium am Mittwoch auf, "besondere Anstrengungen" zu unternehmen, die Entführer zu ergreifen. Auf den Philippinen gibt es immer wieder Entführungen. Erst Ende Dezember war ein deutscher Geschäftsmann nach 107 Tagen in Geiselhaft freigekommen, nachdem die Angehörigen 4,5 Millionen Pesos (mehr als 200 000 Mark) bezahlt hatten. Insgesamt wurden auf den Philippinen im vergangenen Jahr mehr als 200 Personen entführt (7).

1. Título muy concentrado, característico de la noticia alemana: *Alemán secuestrado en Filipinas liberado* (las traducciones que se ofrecen a continuación, al hilo de los comentarios, intentan en lo que cabe imitar la forma del texto original).

2. Iniciador del cuerpo del texto (línea de datación), de interés para el traductor porque sitúa la noticia en su tiempo (en torno a esta fecha inicial aparecen en el texto alusiones temporales más difusas como: el lunes, la semana anterior, etc.) y lugar, además de ofrecer el dato de la agencia o identificación del periodista: *Manila, 28 de enero (AFP).*

3. En el núcleo de la noticia se transmite la información principal a través de una oración que se inicia con un complemento circunstancial que enlaza con la referencia a los secuestradores, verbo en perfecto, la referencia al tiempo *(el miércoles)* probablemente haya que cambiarla en la traducción (adaptación del tiempo del texto de origen al tiempo de la traducción): *Tras dos días en poder de secuestradores ha sido puesto en libertad el miércoles un alemán en Filipinas.*

4. Línea de fuentes con la fraseología al uso, van apareciendo más detalles de la noticia: *Como comunicó la policía, los secuestradores dejaron libre al hombre, de 72 años, en la ciudad de Tornay.*

5. Siguen más circunstancias del caso (detalles de la información en orden de importancia decreciente) precedidas de una mención de no confirmación de los datos, las cantidades de dinero se expresan de forma aproximada en la moneda del país para cuyos lectores se traduce: *Según datos no confirmados, su familia ha pagado 1,2 millones de pesos (50.000 marcos alemanes) de rescate.*

6. La referencia a la profesión del secuestrado se ofrece en este caso también como alternancia a las denominaciones del personaje de la noticia anteriormente ofrecidas. La alusión al tiempo (el lunes) ya ha sido comentada y los datos geográficos deben ser verificados por si existe variación (de acentuación, de grafía, de transcripción): *El director de un criadero de monos de laboratorio fue sacado el lunes por cuatro hombres armados de su casa de Antipolo, cerca de Manila.*

7. Esta segunda mitad de la noticia sirve de encuadre del caso particular que se ha tratado en la primera mitad en un hecho más global; cabe destacar la mención al presidente de Filipinas sólo con el apellido, como es propio en alemán, y la aparición de comillas, en este caso indicando estilo directo. Es un párrafo de oraciones cortas, entremezcladas, carentes de enlaces: *El presidente filipino Ramos pidió al Ministerio del Interior el miércoles hacer "esfuerzos especiales" para atrapar a los secuestradores. En Filipinas son frecuentes los secuestros. A finales de diciembre resultó liberado un empresario alemán tras 107 días de secuestro después de que sus familiares pagaran un rescate de 4,5 millones de pesos. El pasado año fueron secuestradas más de 200 personas en Filipinas.*

Acerca de los referentes de la primera parte de la noticia: la importancia de la nacionalidad del secuestrado se manifiesta en las primeras alusiones en el texto, *entführter Deuscher, ein Deutscher,* la mención siguiente es genérica o pseudopronominal acompañada de la edad, *den 72 Jahre alten Mann,* y una cuarta ofrece el dato de la profesión, *der leitende Mitarbeiter einer Zucht...,* el hilo conductor se sustenta también en los adjetivos posesivos referidos a la persona: *seine Familie, aus seinem Haus.* Lakoff defiende la tendencia a la siguiente progresión en el campo referencial (Beaugrande/Dressler, 1997: 112): *a*) nombre propio, *b*) descripción específica (cargo, título, profesión), *c*) clase general y *d*) proforma. El recorrido mental parece pasar de lo más específico a lo más abstracto.

Acerca de los tiempos verbales se han comentado ya las tendencias generales, en este texto el resultado del recuento es el siguiente: un solo perfecto al comienzo del texto, tres *Präterita* y cinco pluscuamperfectos, de ellos dos en pasiva; aparece un único presente que da por sentada una realidad: *En Filipinas hay muchos secuestros.*

La redacción final de la traducción podría ser la siguiente:

TRADUCCIÓN

Fin del secuestro de un alemán en Filipinas

Un ciudadano alemán se encuentra de nuevo en libertad tras dos días en poder de unos secuestradores. La policía informó de que el secuestrado, de 72 años, fue liberado en la ciudad de Tonay. Al parecer su familia había pagado un rescate de 1,2 millones de pesos. Cuatro hombres armados se habían llevado por la fuerza a este hombre, director de un criadero de monos de laboratorio, que se encontraba en su casa de Antipolo cerca de Manila.

El presidente filipino Fidel Ramos instó al Ministerio del Interior a tomar medidas especiales con el fin de atrapar a los secuestradores. Tan sólo hace unas semanas otro empresario alemán fue liberado tras un secuestro de 107 días después de haber pagado un rescate de 4,5 millones de pesos. En Filipinas son frecuentes los secuestros, el pasado año se contabilizaron más de 200 casos.

CAPÍTULO 2

EJERCICIO DE INICIACIÓN (TEXTO I/2)

⇒ **Actividad guiada por el profesor**

2.1. Preparación para la traducción

2.1.1. PRESENTACIÓN DEL TEXTO

Clinton für Friedensnobelpreis 2000 vorgeschlagen

OSLO, 31. Januar (Reuters). Der amerikanische Präsident Clinton ist nach offiziellen Angaben für den diesjährigen Friedensnobelpreis vorgeschlagen worden. Zur Begründung hiess es, die Vereinigten Staaten hätten die Welt vor dem Nationalsozialismus, dem Kommunismus und anderen totalitären Regimen gerettet. Neben Clinton wurden unter anderen Papst Johannes Paul II., die Vereinten Nationen (ONU) und die Vermittler in den Friedensverhandlungen in Nordirland und im Balkan nominiert. Im vergangenen Jahr erhielt den Preis die Organisation "Ärzte ohne Grenzen".

2.1.2. DESCRIPCIÓN DE LA MACROESTRUCTURA: PARTES, DISPOSICIÓN Y CONEXIÓN

Texto de origen (noticia)
Análisis de la estructura:
Título **Clinton für Friedensnobelpreis 2000 vorgeschlagen**
Línea de datación: OSLO, 31. Januar (Reuters)
Núcleo Der amerikanische Prasident Clinton ist nach offiziellen Angaben für den diesjährigen Friedensnobelpreis vorgeschlagen worden
Fuentes [nach offiziellen Angaben]
Datos *a*) Zur Begründung hiess es, die Vereinigten Staaten hätten die Welt vor dem Nationalsozialismus, dem Kommunismus und anderen totalitären Regimen gerettet. *b*) Neben Clinton wurden unter anderem Papst Johannes Paul II., die Vereinten Nationen (UNO) und die Vermittler in den Friedensverhandlungen in Nordirland und im Balkan nominiert
Cierre Im vergangenen Jahr erhielt den Preis die Organisation "Ärzte der Welt".

2.1.3. FUENTES DE DOCUMENTACIÓN

Libros de consulta

Agencia EFE, *Manual de español urgente*. Madrid: Cátedra, 1991.
GRIJELMO, Á., *El estilo del periodista.* Madrid: Taurus, 1997.
EL PAÍS, *Libro de estilo*. Madrid: Ediciones El País, 1990.
LA VANGUARDIA, *Libro de redacción.* Barcelona: La Vanguardia, 1986.

Internet

Agencia EFE [diccionario de dudas, de sinónimos, noticias, reportajes, etc.]: http://www. efe. es/lenguaes/lenguaes. asp?nivel=ppr

Diccionarios [monolingües, bilingües, generales, especializados]:
http://www. ~~facstaff. bucknell. edu/rbeard/diction. html~~ yourdictionary.com

Libro de estilo de la Oficina de Publicaciones de la Comisión Europea:
http://eur-op. eu. int/code/es/es-cover. htm

— Normas de presentación de los textos para el español: puntuación, mayúsculas, minúsculas, etc.
http://eur-op. eu. int/code/es/es094. htm

— Lista de Estados y territorios:
http://eur-op. eu. int/code/es/es125a. htm

— Normas de puntuación para las cifras:
http://eur-op. eu. int/code/es/es074. htm

Diccionarios

➢ Monolingües:

ALVAR, M. / A. MIRÓ, *Diccionario de Siglas y Abreviaturas.* Madrid: Alhambra, 1983.

CORRIPIO PÉREZ, F., *Diccionario Abreviado de Sinónimos*. Barcelona: Bibliograf, 1987.

DUDEN, *Deutsches Universal Wörterbuch A-Z.* Mannheim: Dudenverlag, 1989.

MOLINER, M., *Diccionario de uso del español* (2 vol.). Madrid: Gredos, 1986.

Langenscheidts Grosswörterbuch Deutsch als Fremdsprache. *Berlin/München: Langenscheidt, 1999.*

REAL ACADEMIA ESPAÑOLA DE LA LENGUA, *Diccionario de la Lengua Española.* 21.ª ed. Tomo I y II. Madrid: Espasa-Calpe, 1992.

SECO M. / O. ANDRES / G. RAMOS, *Diccionario del español actual.* 2 vols. Madrid: Aguilar, 1999.

SECO, M., *Diccionario de dudas de la lengua española.* 8.ª ed. Madrid: Aguilar, 1982.

SOUSA, J. de, *Diccionario internacional de siglas y acrónimos*. Madrid: Pirámide, 1984.

WAHRIG Deutsches Wörterbuch. Mosaik Verlag, 1984.

➢ Bilingües:

LANGENSCHEIDTS *Handwörterbuch Spanisch.* Berlin/München: Langenscheidt, 1987.

SLABY, R. J. / R. GROSSMANN, *Wörterbuch der spanischen und der deutschen Sprache* (2 vols.). Wiesbaden: Brandstetter Verlag, 1989.

2.1.4. Descripción de problemas microtextuales y actuación del traductor

A cada secuencia del texto de origen le corresponde una actuación en la operación de transferencia:

TEXTO DE ORIGEN	**PROCESO DE TRADUCCIÓN**
A. ANÁLISIS	B. ACTUACIÓN DEL TRADUCTOR
Clase de texto: **Noticia** (fechada en Oslo el 31 de enero de 2000, de la agencia Reuters)	El texto de destino debe ejercer la misma función
Definición: Texto con un formato determinado que cuenta un hecho noticioso y lo sitúa en el espacio y en el tiempo	
Estructura textual (macroestructura):	**Problemas microtextuales:**
1. Título Estilo nominal, telegráfico, ausencia de tiempos completos. Nombres propios	1b. Se prefiere la oración completa. Tratamiento de nombres propios
2. Núcleo Aposiciones, nombres propios, pasiva	2b. Aposiciones explicativas y especificativas. Nombres propios: la 1.ª mención se incluye el nombre de pila y cargo
3. Fuentes Fraseología: *nach offiziellen Angaben*	3b. Fraseología: *según fuentes oficiales*
4. Datos Estilo indirecto marcado a través del *Konjunktiv I* (o *Konjunktiv II*): hätten. Construcciones nominales: *Zur Begründung*	4b. Explicitación de conectores, revisión de tiempos verbales
5. Cierre Uso de comillas “Ärzte der Welt”	5b. Uso de cursiva

2.2. **Transferencia y edición**

2.2.1. TRADUCCIÓN DE TRABAJO COMENTADA

Clinton, candidato al Premio Nobel de la Paz (1) del año 2000

El presidente norteamericano (2), Bill Clinton (3), ha sido propuesto para el Premio Nobel de la Paz de este año, según fuentes oficiales. La candidatura se basa (4) en que EEUU (5) ha salvado al mundo del nacionalsocialismo, del comunismo y de otros regímenes totalitarios. Junto a Clinton fueron propuestos, entre otros, el papa Juan Pablo II (6), las Naciones Unidas (ONU) (7) y los mediadores en las negociaciones de paz de Irlanda del Norte (8) y los Balcanes. El pasado año recibió el premio la organización Médicos sin Fronteras.

⇒ *Comentarios acerca de la traducción:*

1. Las letras iniciales (**P**remio **N**obel de la **P**az) con mayúsculas cuando se trata del nombre oficial del premio.

2. El sustantivo o adjetivo *americano* no está correctamente empleado cuando se hace referencia a un ciudadano de EEUU, en estos casos es aconsejable el uso de *estadounidense* o *norteamericano*.

3. La primera vez que se menciona a una persona es norma de uso periodístico la mención del nombre propio y del cargo que ostenta la persona, aunque ésta sea suficientemente conocida. Esta convención acarrea el uso de aposiciones, que cuando son equivalentes (explicativas) deben llevar comas: *El presidente del Gobierno, José María Aznar, visitó Salamanca.*

4. El inicio de la secuencia de los datos (*Zur Begründung*) contiene elementos propios del estilo nominal alemán: preposición + sustantivo abstracto, deverbativo. Al traducir, por lo general, el sustantivo deverbativo se puede sustituir por el verbo correspondiente. A continuación, en el párrafo, aparece un *Konjunktiv II* (*hätten... gerettet*) en función de *Konjunktiv I*, la función de esta forma aquí es claramente la de indicar el estilo indirecto y no la de expresión de suposición, por ejemplo, propia del *Konjunktiv II*.

5. Estados Unidos, en siglas EEUU; el empleo de USA es incorrecto. La concordancia se debe hacer en singular y no se debe utilizar el artículo *los* delante del nombre: *Estados Unidos paga su deuda a la ONU*.

6. Aunque la regla general es no traducir los nombres de personas, la excepción la constituyen los nombres de personajes históricos, papas y miembros de familias reales. Los ordinales que acompañan a los nombres de papas o de reyes siguen la norma general en español: no van seguidos de punto (como en el caso del alemán). Papa se escribirá con mayúscula inicial cuando no preceda al nombre (el Papa dijo), pero con minúscula cuando lo precede (el papa Juan Pablo II).

7. Se permite escribir Naciones Unidas, aunque el nombre completo es Organización de las Naciones Unidas. Las siglas en español son ONU, no UNO.

8. Irlanda del Norte, Norte en este caso con mayúscula porque forma parte de la denominación del país, también cuando indica el punto cardinal. En cambio, se debe escribir con minúscula cuando se refiere al nombre de una zona (el norte de España), cuando indica dirección (al norte de España) o cuando se emplea en forma adjetiva (España norte).

⇒ **Resumen de los comentarios (ficha)**
Convenciones: — Tratamiento de los nombres propios de personas e instituciones u organizaciones. — Siglas. — Mayúsculas y minúsculas.
Morfosintaxis: — Aposiciones en español. — Construcciones nominales en alemán. — Formas y funciones del *Konjunktiv I* alemán.

2.2.2. EDICIÓN (REVISIÓN DE PUNTUACIÓN, TIPOGRAFÍA, FECHAS, CIFRAS, ETC.)

TRADUCCIÓN

Clinton es candidato al Premio Nobel de la Paz del año 2000

OSLO, 31 de enero (Reuters). El presidente norteamericano, Bill Clinton, ha sido propuesto para el Premio Nobel de la Paz de este año, según fuentes oficiales. La candidatura se basa en que EEUU ha salvado al mundo del nacionalsocialismo, del comunismo y de otros regímenes totalitarios. Junto a Clinton fueron propuestos, entre otros, el papa Juan Pablo II, las Naciones Unidas (ONU) y los mediadores en las negociaciones de paz de Irlanda del Norte y los Balcanes. El pasado año el premio le fue concedido a la organización Médicos sin Fronteras.

CAPÍTULO 3

EJERCICIO DE REPETICIÓN (TEXTO I/3)

⇒ **Actividad guiada por el profesor**

3.1. Preparación para la traducción

3.1.1. PRESENTACIÓN DEL TEXTO

Walser lobt Fernsehreihe über den Holocaust

F.A.Z. FRANKFURT, 28. Januar. Der Schriftsteller Martin Walser würdigt in einem Gespräch mit dieser Zeitung eine neue Fernsehreihe über die Geschichte der Auseinandersetzung deutscher Intellektueller mit dem Holocaust als Sternstunde des deutschen Fernsehens. Die Reihe "Auschwitz und kein Ende", eine Koproduktion des Südwestrundfunks und des Westdeutschen Rundfunks, lasse die "Zeit selbst erzählen". Dadurch entstehe eine Nähe zum Gegenstand, die weit gehend verloren sei, weil man "heute nur noch nach gut und böse" schiele. Walser ist dem Fernsehen dankbar: Es sei in der "intellektuellen Analyse tüchtiger, als man es ihm zugetraut hätte".

3.1.2. Descripción de la macroestructura: partes, disposición y conexión

Texto de origen (noticia)
Análisis de la estructura:
Título **Walser lobt Fernsehreihe über den Holocaust**
Línea de datación: F.A.Z. FRANKFURT, 28. Januar
Núcleo Der Schriftsteller Martin Walser würdigt [in einem Gespräch mit dieser Zeitung] eine neue Fernsehreihe über die Geschichte der Auseinandersetzung deutscher Intellektueller mit dem Holocaust als Sternstunde des deutschen Fernsehens.
Fuentes [in einem Gespräch mit dieser Zeitung]
Datos *a*) Die Reihe "Auschwitz und kein Ende", eine Koproduktion des Südwestrundfunks und des Westdeutschen Rundfunks, lasse die "Zeit selbst erzählen". *b*) Dadurch entstehe eine Nähe zum Gegenstand, die weit gehend verloren sei, weil man "heute nur noch nach gut und böse" schiele.
Cierre Walser ist dem Fernsehen dankbar: Es sei in der "intellektuellen Analyse tüchtiger, als man es ihm zugetraut hätte".

3.1.3. Fuentes de documentación: uso del diccionario

Una vez presentados los diccionarios de uso más común, se trata de ofrecer una iniciación del trabajo con los mismos que resulte eficaz y práctico para el traductor. La sistematización del trabajo de consulta al diccionario requiere dos técnicas complementarias (*vid.* Presas: 1999), una referida a la extracción de información del diccionario monolingüe y otra centrada en la consulta de diccionarios tanto monolingües como bilingües pero en relación con un texto concreto. La consulta al diccionario monolingüe alemán (Wahrig, DUDEN) o español (DRAE, María Moliner) se estructura de una forma sencilla para realizar como trabajo preparatorio en grupo:

Diccionario monolingüe alemán:
TÉRMINO:
HIPERÓNIMO:
SINÓNIMO:
DEFINICIÓN:

Para la consulta sobre términos de un texto concreto (diccionario monolingüe español y bilingüe):

TÍTULO DEL TEXTO: **TEMA:** **TÉRMINO CON CONTEXTO:**	**TÍTULO DEL TEXTO:** **TEMA:** **TÉRMINO CON CONTEXTO:**
Diccionario bilingüe consultado: **— Motivo**	**Diccionario monolingüe consultado:** **— Motivo**
EQUIVALENCIAS:	**NÚMERO DE ACEPCIONES:** **SINÓNIMOS:**
EJEMPLOS DE USO:	**EJEMPLOS DE USO:**
ELECCIÓN DE EQUIVALENCIA:	**ACEPCIÓN ADECUADA:**

3.1.4. Descripción de problemas microtextuales y actuación del traductor

A cada secuencia del texto le corresponde una actuación en la operación de transferencia.

TEXTO DE ORIGEN	**PROCESO DE TRADUCCIÓN**
A. ANÁLISIS	B. ACTUACIÓN DEL TRADUCTOR
Clase de texto: **Noticia** (fechada en Frankfurt el 28 de enero de 2000, del propio periódico FAZ)	
Definición: Texto con un formato determinado que cuenta un hecho noticioso y lo sitúa en el espacio y en el tiempo	El texto de destino debe ejercer la misma función
Estructura textual (macroestructura): 1. Título. Nombre propio relacionado con la cultura de origen	**Problemas microtextuales:** 1b. Problema cultural. El desconocimiento en la cultura de destino obliga a explicar en la traducción la identidad del personaje
2. Núcleo. La sintaxis se complica a medida que avanza la información: un complemento desencadena otro y así sucesivamente	2b. Descomponer el orden alemán y volver a componer las piezas
3. Fuentes. Se indican en el núcleo: *Martin Walser... in einem Gespräch mit dieser Zeitung*	3b. La colocación puede realizarse: – al inicio del núcleo – en la parte final de éste – enlazándola con el primer párrafo de los datos
4. Datos. – Estilo indirecto marcado a través del *Konjunktiv* I y mezclado con el estilo directo – Título original de la serie – Nombres concretos de dos cadenas de TV alemanas – Adverbio pronominal *Dadurch* como enlace entre los párrafos de datos	4b. – El estilo directo en traducción no es tal en esencia, puesto que quedan reflejadas las palabras propiamente dichas – Original + traducción entre paréntesis – Si no es preciso ser exactos, porque la información no lo requiera, se puede tender a una traducción general: *dos cadenas alemanas* – Su traducción depende en gran manera del contexto. Un calco literal del significado de la expresión resulta por lo general poco adecuado desde el punto de vista estilístico
5. Cierre – Uso de los dos puntos como explicación a lo antedicho – Preferencia del sujeto neutro [*Es sei...*] que refleja el ente televisivo y no las personas que en él trabajan	5b. – No es frecuente en este tipo textual, pero no sería incorrecto – En español la tendencia a expresar este tipo de acciones a través de las personas que las realizan es más acusada

3.2. Transferencia y edición

3.2.1. Traducción de trabajo comentada

Un conocido escritor alemán (1) alaba una serie de televisión sobre el holocausto

El escritor alemán (2) Martin Walser (3) ensalza (4) una nueva serie, emitida (5) por televisión a la hora de mayor audiencia, sobre la historia de los estudios (6) realizados por algunos intelectuales alemanes sobre el holocausto. Walser en la entrevista con este periódico (6) afirmó que la serie *Auschwitz und kein Ende* (7) (*Auschwitz sin fin*), una coproducción de dos cadenas alemanas (8), hace al "tiempo (9) hablar por sí mismo", creando (10) una cercanía con todo aquello que se había perdido en gran parte porque en palabras del escritor (11) "hoy se mira de reojo sólo hacia lo bueno y lo malo" (12). Walser está agradecido a la televisión: En el análisis intelectual ha sido más competente de lo que se hubiera podido suponer.

⇒ *Comentarios acerca de la traducción:*

1. Puesto que Walser es probablemente un escritor desconocido para el público español, se traduce a través de una expresión explicativa que ofrece los primeros datos informativos (escritor, alemán).

2. Explicitación de *alemán*, tratamiento del dato cultural ajeno.

3. Aposición no equivalente, sin comas.

4. Alternancia léxica: *ensalza*, en el titular *alaba*.

5. Se anticipa esta construcción de participio para recoger la última parte del núcleo: *als Sternstunde des deutschen Fernsehens*.

6. *Auseinandersetzung* es un ejemplo de palabras abstractas, polisémicas, que presentan una gran dificultad en la traducción. Los diccionarios monolingües ofrecen las siguientes soluciones:

— Wahrig: *ernstes, energisches Gespräch // Streit.*
— DUDEN: 1. *eingehende Beschäftigung mit etw. : die Auseinandersetzung mit dem Nazismus.*

⇒ Ejercicio de consulta al diccionario propuesto anteriormente [aquí se trata de la consulta a dos diccionarios monolingües para un texto concreto]:

TÍTULO DEL TEXTO: Walser lobt Fernsehreihe über den Holocaust **TEMA:** Martin Walser alaba el trabajo realizado por la televisión en una serie sobre el holocausto judío. **TÉRMINO CON CONTEXTO:** *eine neue Fernsehreihe über die Geschichte der Auseinandersetzung deutscher Intellektueller mit dem Holocaust*	**TÍTULO DEL TEXTO: Walser lobt Fernsehreihe über den Holocaust** **TEMA:** Martin Walser alaba el trabajo realizado por la televisión en una serie sobre el holocausto judío. **TÉRMINO CON CONTEXTO:** *eine neue Fernsehreihe über die Geschichte der Auseinandersetzung deutscher Intellektueller mit dem Holocaust*
Diccionario monolingüe consultado: Wahrig - **Motivo:** Polisemia de la palabra *Auseinandersetzung*	**Diccionario monolingüe consultado: DUDEN** - **Motivo:** Polisemia *Auseinandersetzung*
NÚMERO DE ACEPCIONES: 2 ***[vid ut supra]*** **SINÓNIMOS:** ernstes, energisches Gespräch // Streit., Streit	**NÚMERO DE ACEPCIONES: 3** **SINÓNIMOS:** *Diskussion, Debatte, Streit*
EJEMPLOS DE USO: —	**EJEMPLOS DE USO:** **1.** ***eingehende Beschäftigung mit etw.: die Auseinandersetzung mit dem Nazismus.*** **2...** **3...**
ACEPCIÓN ADECUADA: —	**ACEPCIÓN ADECUADA: 1**

Sólo el diccionario DUDEN lleva a la posible solución del término que pasa de equivaler a una *conversación seria, enérgica o pelea* (Wahrig) a *ocuparse de algo en profundidad o detalladamente* y, por ende, a analizar, estudiar, etc. (DUDEN).

7. Se pospone la línea de fuentes.

8. La identificación de la serie es su denominación en alemán, por tanto la técnica de traducción en estos casos es mantener la denominación original acompañada de una traducción entre paréntesis.

9. La traducción de *tiempo* por *Zeit* no es la adecuada en este caso, puesto que en este texto *Zeit* se refiere claramente a la *época*.

10. Empleo del gerundio como enlace entre los dos párrafos, función que en alemán la ejercía el adverbio pronominal *dadurch*.

11. Explicitación de una señal de estilo indirecto que en alemán se da únicamente a través del tiempo verbal.

12. La idea expresada a través del verbo *schielen* (*bizquear*) puede ser recogida por medio de expresiones como *mirar de reojo* o incluso *mirar a hurtadillas*.

⇒ **Resumen de los comentarios (ficha)**
<u>Problemas culturales referidos a la cultura de origen</u> [Documentación]: — Traducción explicativa de nombres propios (escritor alemán) — Neutralización de datos secundarios (dos cadenas regionales) — Mantenimiento de títulos con traducción entre paréntesis (*Auschwitz und kein Ende* – Auschwitz sin final)
<u>Morfosintaxis:</u> — Aposiciones en español — Conectores: *dadurch* — Estilo directo e indirecto
<u>Léxico:</u> — Palabras abstractas [*vid.* fichas de consulta de **diccionario monolingüe**]

3.2.2. **Edición**

TRADUCCIÓN

Un conocido escritor alemán alaba una serie de televisión sobre el holocausto

El escritor alemán Martin Walser ensalza una nueva serie, emitida por televisión a la hora de mayor audiencia, sobre la historia del pensamiento de algunos intelectuales alemanes sobre el holocausto. Walser en la entrevista que concedió a este periódico afirmó que la serie *Auschwitz und kein Ende* (*Auschwitz sin final*), una coproducción de dos cadenas regionales alemanas, deja a la "época hablar por sí misma", creando una cercanía con todo aquello que se había perdido en gran parte, porque en palabras del escritor: "Hoy se mira a hurtadillas y sólo lo bueno y lo malo". Walser está agradecido a la televisión: "En el análisis intelectual ha sido más competente de lo que se hubiera podido suponer."

CAPÍTULO 4

EJERCICIO DE CONSOLIDACIÓN (TEXTO I/4)

⇔ **Actividad guiada parcialmente por el profesor**

4.1. Preparación para la traducción

4.1.1. PRESENTACIÓN DEL TEXTO

Einspruch gegen Entlassung Pinochets abgewiesen

Hr. LONDON, 31. Januar. Der frühere chilenische Diktator Pinochet, der seit Oktober 1998 in britischer Auslieferungshaft lebt, ist seiner Freilassung wieder einen Schritt nähergekommen. Ein Londoner Richter hat am Montag den jüngsten Einspruch gegen eine mögliche baldige Entlassung abgewiesen, Belgien und sechs Menschenrechts-Organisationen hatten vorgebracht, Innenminister Straw habe "unfair" gehandelt, als er die Ergebnisse einer ärztlichen Untersuchung des 84 alten Pinochet für geheim erklärt hatte. Unter Hinweis auf diese Untersuchung hatte Straw am 11. Januar angekündigt, er sei geneigt, Pinochet freizugeben. Die Antragsteller haben vorgetragen, die Geheimhaltung entziehe ihnen jede Handhabe, gegen den medizinischen Befund zu argumentieren. Auch gegen den Richterspruch vom Montag ist noch ein Einspruch möglich. Es hiess, Belgien wolle diese Möglichkeit nutzen. Ursprünglich war Pinochet auf spanisches Ersuchen festgenommen worden.

4.1.2. Revisión de la macroestructura: partes, disposición, conexión

Texto de origen (noticia)
Análisis de la estructura:
Título **Einspruch gegen Entlassung Pinochets abgewiesen**
Línea de datación: Hr. LONDON, 31. Januar
Núcleo Der frühere chilenische Diktator Pinochet, der seit Oktober 1998 in britischer Auslieferungshaft lebt, ist seiner Freilassung wieder einen Schritt nähergekommen.
Fuentes [...]
Datos *a*) Ein Londoner Richter hat am Montag den jüngsten Einspruch gegen eine mögliche baldige Entlassung abgewiesen. *b*) Belgien und sechs Menschenrechts-Organisationen hatten vorgebracht, Innenminister Straw habe "unfair" gehandelt, als er die Ergebnisse einer ärztlichen Untersuchung des 84 alten Pinochet für geheim erklärt hatte. *c*) Unter Hinweis auf diese Untersuchung hatte Straw am 11. Januar angekündigt, er sie geneigt, Pinochet freizugeben. *d*) Die Antragsteller haben vorgetragen, die Geheimhaltung entziehe ihnen jede Handhabe, gegen den medizinischen Befund zu argumentieren. *e*) Auch gegen den Richterspruch vom Montag ist noch ein Einspruch möglich.
Cierre Es hiess, Belgien wolle diese Möglichkeit nutzen. Ursprünglich war Pinochet auf spanisches Ersuchen festgenommen worden.

4.1.3. Fuentes de documentación

⇒ Uso de los diccionarios

⇒ Lectura de textos paralelos: Al inicio de la formación un texto paralelo es, sobre todo, una fuente de soluciones a problemas concretos surgidos al analizar el texto de origen; su lectura constituye, por tanto, un recurso similar a la consulta al diccionario. (Más tarde, el texto paralelo se convierte en objeto de estudio previo, parte esencial de la documentación sobre el tema.) Entre los textos paralelos se encuentran:

➢ Textos similares (el mismo tema y la misma clase de texto)

➢ Textos complementarios (el mismo tema, distinta clase de texto)

Como modelo de ficha para el trabajo con textos paralelos se propone el siguiente:

TEXTO (paralelo) **Tema:** **Subtemas:** **Progresión temática:**
Léxico **— general:** **— terminológico:**
Morfosintaxis **Clases de oraciones:** **Verbo (tiempo, modo, voz, persona):** **Estilo directo/indirecto:**
Convenciones **Nombres propios:** **Tipografía:** **Otras:**

4.1.4. Problemas microtextuales (marcados por el profesor)/ posibles soluciones

➢ Léxico/Terminología (Documentación: diccionarios monolingües [ficha], bilingües [ficha] y textos paralelos [comprobación de las diferencias con respecto a la información obtenida de los diccionarios]):

— *Einspruch (einen ~ abweisen)*
— *Auslieferungshaft (der seit Oktober in ~ lebt)*
— *Freilassung/Entlassung ([Er] ist seiner Freilassung [...] nähergekommen/Ein Londoner Richter hat [...] den Einspruch gegen eine baldige Entlassung abgewiesen)*
— *Freigeben ([...] er sei geneigt, Pinochet freizugeben)*
— *Antragsteller (Die ~ haben vorgetragen...)*
— *Handhabe (die Geheimhaltung entziehe ihnen jede ~)*
— *Richterspruch (gegen den ~ ist noch ein Einspruch möglich)*
— *Ersuchen (auf spanisches ~)*

➢ Valores generales del verbo modal *wollen* y valor actualizado en la salida de la noticia.

➢ Referencias temporales (línea de datación) y tiempo de la traducción.

⇒ **Repetición [fichas]**
➢ Explicación del tratamiento de nombres propios y cargos, aposiciones [documentación]
➢ Señalización de las marcas de estilo indirecto [tiempos verbales en español]
➢ Construcciones nominales: tratamiento en la traducción ➢ Uso de las comillas

4.2. Traducción propuesta por el alumno: un ejemplo

Desestimado el recurso contra la liberación de Pinochet

Hr. Londres, 31 de enero. El ex dictador chileno, Augusto Pinochet (1), que se encuentra en Gran Bretaña en situación de arresto domiciliario pendiente de extradición desde octubre de 1998, está un poco más cerca de su puesta en libertad. El pasado lunes (2) un juzgado londinense desestimó el último recurso presentado contra una probable próxima puesta en libertad, el Gobierno belga y seis organizaciones pro derechos humanos han alegado que el Ministro (3) del Interior británico, Jack Straw, ha actuado de manera injusta al mantener en secreto los resultados de la exploración médica realizada al octogenario (4) Pinochet. Straw declaró, el pasado 11 de enero, que, teniendo en cuenta los datos de la exploración médica, estaba dispuesto a ponerlo en libertad. Los autores del recurso argumentaron (5a) que al mantener en secreto el informe médico, se les impedía encontrar argumentos (5b) para rebatirlo. Sin embargo, todavía cabe la posibilidad de recurrir la sentencia del lunes. Al parecer, Bélgica pretende aprovechar esta posibilidad. Originariamente, Pinochet fue retenido en Londres a instancias del Gobierno español.

4.3. Revisión y comentario por parte del profesor

➢ La parte terminológica (términos subrayados en la traducción) del texto se ha resuelto adecuadamente desde el punto de vista del contenido: desestimar un recurso, liberación, puesta en libertad, arresto domiciliario, sentencia, extradición.

1. Aposición equivalente bien resuelta en cuanto a la puntuación.

2. Dependiendo del tiempo de la traducción podría ser necesario un ajuste temporal motivado por la diferencia entre el tiempo del texto de origen y el de destino.

3. Las denominaciones de cargos como *Ministro* deben escribirse con minúscula.

4. Se ha empleado el adjetivo *octogenario* para ofrecer una aproximación a la edad del sujeto. El recurso puede ser válido estilísticamente cuando no debe primar la indicación exacta de la edad, en el caso de que esa exactitud fuese necesaria se debe hacer tras mencionar al sujeto y después de comas: *Augusto Pinochet, de 84 años.*

(5a y 5b). Se altera la norma estilística de la alternancia en español: *argumentaron, argumentos.*

CAPÍTULO 5

EJERCICIO DE REPETICIÓN (TEXTO I/5)

⇔ **Actividad guiada parcialmente por el profesor - Trabajo individual**

5.1. Presentación del texto

Weizmann gibt Teil seiner Amtsvollmachten ab

JERUSALEM, 25. Januar (dpa). Israels Präsident Weizmann wird einen Teil seiner Amtsbefugnisse vorläufig nicht ausüben. Er folgt damit einer Forderung von Justizminister Beilin. Dieser hatte das Staatsoberhaupt schriftlich aufgefordert, einige Funktionen bis auf weiteres ruhen zu lassen. Weizmann hatte sich noch am Sonntagabend öffentlich geweigert, Konsequenzen aus den gegen ihn eingeleiteten polizeilichen Ermittlungen wegen der Annahme hoher Geldgeschenke von einem französischen Geschäftsmann zu ziehen. Die Anwälte des Politikers bestätigen jedoch, dass Weizmann bis zum Abschluss der Ermittlungen auf die Vereidigung von Richtern und die seinem Amt vorbehaltene Begnadigung Gefangener verzichten wird. Bemühungen einiger Parlamentsabgeordneter, Weizmann durch eine Abstimmung in der Knesset abzusetzen, scheinen inzwischen endgültig gescheitert.

5.2. Preparación para la traducción: responder a la siguiente ficha

⇒ **Oralmente:**

TIPO / CLASE DE TEXTO ⇨ informativo (noticia)
FUNCIÓN, PERSPECTIVA ⇨ informativa, objetiva

MACROESTRUCTURA ⇨ título, línea de datación, núcleo, fuentes, datos, salida

RESUMEN DEL CONTENIDO: ⇨ El presidente de Israel dejará de ejercer alguna de sus competencias, a petición del ministro de Justicia, mientras duren las investigaciones acerca de una donación de dinero efectuada por un empresario francés

⇒ **Por escrito:**

DIFICULTADES [Resumen]
1. LÉXICO
⇨ Ausencia de nombres propios: *Weizmann, Beilin*
⇨ Referencias culturales-políticas: *Knesset*
⇨ Cargos políticos: *Justizminister, Staatsoberhaupt* (sinónimos)
⇨ Sinónimos + compuestos: *Amtsbefugnisse, Amtsvollmachten, Funktionen* (sinónimo de procedencia latina)
⇨ Sinónimos verbales: *ruhen lassen, abgeben, nicht ausüben*
⇨ Deverbativos en *–ung* (polisemia): *Forderung, Abstimmung*

2. SINTAXIS
⇨ En general, oraciones excesivamente largas
⇨ Construcciones participiales (*gegen ihn eingeleiteten*) y de infinitivo: *...Konsequenzen... zu ziehen.*
⇨ Verbos + adverbios pronominales: *er folgt damit...*

5.3. Traducción entregada con comentarios

TRADUCCIÓN

El presidente israelí renuncia a algunas de sus competencias

El presidente de Israel, Weizmann (1), no ejercerá por el momento parte de sus competencias (2), atendiendo así a la petición escrita que le había dirigido el ministro de Justicia, Beilin. El jefe de Estado (3) israelí se había negado públicamente a actuar en consecuencia (4) a raíz de la investigación policial a que está sometido a causa de las importantes sumas de dinero que al parecer recibió de un empresario francés. Los abogados del presidente han declarado, sin embargo, que hasta que concluya la investigación éste renunciará a competencias (5) de su cargo tales como la toma de juramento a los jueces (6) o el indulto a los presos (7). Los esfuerzos de algunos congresistas por destituir a Weizmann mediante una votación parlamentaria (8) parecen haber fracasado por el momento.

1. Documentación para solucionar el problema de los nombres propios: Weizmann, Beilin, Knesset.

2 y 5. *Competencias* y *cargo* sería la traducción para *Amt* y sus compuestos.

3. *Presidente, jefe de Estado* serían los sustantivos que equivalen a *Präsident, Staatsoberhaupt*.

4. La expresión alemana *Konsequenzen ziehen* (sacar conclusiones) puede dar lugar a malentendidos en el texto, se ha optado por una expresión en español (*actuar en consecuencia*) que recoge la idea expresada en alemán.

6. Términos (*Vereidigung von Richtern, Begnadigung Gefangener*): *toma de juramento a los jueces, indulto a los presos*.

7. *Congresistas, parlamentarios, diputados* (en España).

5.4. **Revisión**

➢ Nombres propios [falta documentación].
➢ Terminología: resuelta.
➢ Expresiones : solución basada en el contexto.
➢ Alternancia (nombres de cargos) resuelta [excepción: repetición innecesaria de la expresión adverbial *por el momento* al principio y final del texto].

CAPÍTULO 6

EJERCICIO DE APLICACIÓN (TEXTO I/6)

⇐ **Actividad realizada por el alumno**

6.1. Presentación del texto y revisión de su macroestructura

Clinton selbstbewusste Bilanz: Der Zustand der Nation ist besser als jemals zuvor

Verringung der Staatsschulden, 20 Millionen neue Arbeitsplätze, starkes Wirtschaftswachstum

Wie. WASHINTONG, 28. Januar. Mit den Worten: "Der Zustand unserer Nation ist besser als jemals zuvor", hat der Präsident Clinton in der Nacht zum Freitag vor dem amerikanischen Kongress eine stolze und selbstbewusste Bilanz seiner doppelten Amtszeit vorgelegt. Sein letzter Bericht zur Lage der Nation, der ein Plädoyer für internationale Friedensbemühungen und einen Aufruf zu grossen innenpolitische Anstrengungen beinhaltete (als Höhepunkt die Tilgung der amerikanischen Staatsschulden in Höhe von 5,7 Billionen Dollar bis zum Jahr 2013), war Rechtfertigung seiner acht Regierungsjahre und zugleich Wahlhilfe für seinen Wunschnachfolger, Vizepräsident Gore.

Nach politischen Rückschlägen durch die "republikanische Revolution" während seiner ersten Amtszeit und einer schweren persönlichen Krise durch die Lewinsky-Affäre und das gescheiterte Amtsenthebungsverfahren in der zweiten, konnte Clinton diesmal unbelastet auftreten und persönlichen Kredit für die beispiellos blühende amerikanische Wirtschaft beanspruchen. Er wies auf die Schaffung von zwanzig Millionen neuer Arbeitsplätze hin, auf das stärkste ökonomische Wachstum und die niedrigste Beschäftigungslosigkeit in dreissig Jahren, die niedrigsten Armutsraten –insbesondere unter den schwarzen und hispanischen Minderheiten– in zwanzig Jahren und die ersten aufeinander folgenden Haushaltsüberschüsse seit mehr als vier Jahrzehnten. [...]

6.2. Fuentes de documentación

⇐ Uso de los diccionarios y textos paralelos

El texto paralelo es una noticia procedente de EL PAÍS (29. 1. 2000), cuyo análisis es la base de una serie de ejercicios en el plano léxico, morfosintáctico y normativo:

⇐ **LÉXICO:**

— GENERAL

⇨ **SINÓNIMOS:**

Discurso/alocución/intervención [en el Capitolio], ***despedida del Congreso***

Congreso/Cámara de representantes/Capitolio

⇨ **REALIA**

Caso Lewinsky

Discurso sobre el estado de la Unión

Los republicanos, mayoritarios en el Congreso / el intento demócrata de recuperar la mayoría de la Cámara de Representantes

— TERMINOLÓGICO

recorte de impuestos

subida del salario mínimo

crecimiento del producto interior bruto (PIB)

expansión económica

índices de paro

superávit presupuestario

⇐ **MORFOSINTAXIS**

⇨ **CLASES DE ORACIONES:**

⇨ **VERBO (TIEMPO, MODO, VOZ, PERSONA):**

⇨ **ESTILO DIRECTO/INDIRECTO: * [Realizar una ficha con los casos de estilo directo que aparecen en el texto y la puntuación de estas secuencias]**

⇐ **<u>CONVENCIONES</u>**

➩ **NOMBRES PROPIOS:**

➩ **TIPOGRAFÍA:**

➩ **OTRAS: * [Extraer las normas para el tratamiento de los números teniendo en consideración los ejemplos que aparecen en el texto**

- **Fechas: 1999, 2001, 2013**
- **Cifras: 350.000 millones, 58 billones, 1.000 millones, seis; 5,15 dólares; 5,8 %, 27 millones, 875 millones]**

6.3. **Problemas microtextuales (marcados por el alumno)**

⇐ *Descripción de los problemas y posibles soluciones*

Los problemas marcados (y comentados oralmente) en el texto alemán eran de diversa índole:

- ➢ léxicos, relacionados con la terminología [cuya solución se encontró en el texto paralelo] y con otro grupo de palabras que supone frecuentemente problemas de traducción: lexías de procedencia latina: *Kredit*, en la oración *und <u>persönlichen Kredit</u> für die beispiellos blühende amerikanische Wirtschaft beanspruchen*
- ➢ compuestos *ad hoc* (*Wunschnachfolger*) y terminológicos (*Haushaltüberschüsse, Amtsenthebungsverfahren*)
- ➢ morfosintácticos: tendencia hipotáctica con un alargamiento considerable de la oración. Ej.: *Sein letzter Bericht zur Lage der Nation, der ein Plädoyer für internationale Friedensbemühungen und einen Aufruf zu grossen innenpolitische Anstrengungen beinhaltete (als Höhepunkt die Tilgung der amerikanischen Staatsschulden in Höhe von 5,7 Billionen Dollar bis zum Jahr 2013), war Rechtfertigung seiner acht Regierungsjahre und zugleich Wahlhilfe für seinen Wunschnachfolger, Vizepräsident Gore.*
- ➢ construcciones participiales *(Partizip I) (die ersten aufeinander <u>folgenden</u> Überschüsse seit mehr als vier Jahrzehnten)* que responden a la fórmula adj+adverbio pronominal+adj *(Partizip I)*+sustantivo.
- ➢ expresiones temporales *seit mehr als vier Jahrzehnten [...] Rechtfertigung seiner acht Regierungsjahre.*

6.4. Traducción propuesta

TRADUCCIÓN

Clinton proclama pletórico: El estado de la Unión es el mejor de todos los tiempos

Disminución de la deuda estatal, 20 millones de puestos de trabajo, fuerte crecimiento de la economía

Con las palabras: "El estado de la Unión es el mejor de todos los tiempos", el presidente estadounidense, Bill Clinton, presentó ante el Congreso un balance orgulloso y seguro de sus dos mandatos. En su último discurso sobre el estado de la Unión expuso con vehemencia los esfuerzos por la paz internacional y describió los grandes esfuerzos en política interior (como punto central la amortización de la deuda pública que alcanza los 5,7 billones de dólares en el año 2013), pero sobre todo justificó sus ocho años al frente del Gobierno y catapultó electoralmente a su sucesor y candidato favorito, Al Gore.

Tras tropiezos políticos a causa de la "revolución republicana" durante su primer mandato y una grave crisis personal por el caso Lewinsky y el proceso de destitución presidencial en el segundo, Clinton pudo esta vez salir libre de lastre y reclamar como éxito personal la pujante ascensión de la economía americana.

Aludió a la creación de 20 millones de nuevos puestos de trabajo, al más fuerte crecimiento económico y el más bajo desempleo de los últimos 30 años, el más bajo índice de pobreza —en especial entre las minoría hispanas y negras— de los últimos 20 años y los primeros superávit presupuestarios seguidos desde hace más de cuatro décadas.

6.5. **Revisión por parte del alumno [aplicación del baremo de corrección]** ⇐

1. ERROR DE TRADUCCIÓN (0,5-1): afecta a la comprensión del contenido del TLO por parte del destinatario de la traducción
— Transmisión de significado (S): sin sentido, falso sentido, contrasentido, no mismo sentido, ambigüedad
— Transmisión de información (+I)/ (–I)
— Transmisión de datos culturales (C)
2. ERROR DE LENGUA (0,10-0,5)
— Ortografía, puntuación (O)
— Léxico (L)
— Gramática (Gr)
— Estilo (E)
— Convenciones textuales (Ct)

Concretamente el comentario se puede circunscribir a los siguientes puntos:

⇨ Grado de información.
⇨ Datos culturales.
⇨ Léxico: terminología, sustantivos en *–ung* y adjetivos compuestos *selbstbewusst.*
⇨ Sintaxis y puntuación: estilo directo.

CAPÍTULO 7

EJERCICIO DE APLICACIÓN-REPETICIÓN (TEXTO I/7)

⇐ **Actividad realizada por el alumno. Trabajo individual**

7.1. Preparación para la traducción

7.1.1. PRESENTACIÓN DEL TEXTO

Weizäcker für Begrenzung von Amtszeiten

Fy. BERLIN, 27. Januar. Nach Ansicht des früheren Bundespräsidenten von Weizäcker sollte die Amtszeit des Bundeskanzler und des Parteivorsitzenden begrenzt werden. Dafür spreche der Finanzskandal der CDU, schreibt Weizäcker in einem Beitrag für diese Zeitung. Ausserdem hält es das frühere Staatsoberhaupt für notwendig, Verstösse gegen die Bestimmungen zur Parteifinanzierung strafrechtlich zu sanktionieren. Zu Kohls Verhalten äussert er, wichtiger noch als die Offenlegung der Spender sei es, den Tiefpunkt zu überwinden, der dadurch gekennzeichnet sei, dass "der Mächtigste Mann in der Politik" sein Ehrenwort willkürlich über Recht und Verfassung gesetzt habe. "Es ist eine Zumutung, sich auf ein solches Manneswort zu berufen", urteilt der ehemalige Bundespräsident. Niemand behaupte ernsthaft, Kohl sei käuflich oder auf Reichtum aus gewesen. Doch was an dunklen Quellen und schwarzen Konten zu Tage getreten sei, sei ungeheuerlich.

7.1.2. Documentación: textos paralelos alemanes y españoles (similares y complementarios). *Vid.* Anexo

7.2. Traducción de trabajo propuesta [cada alumno realiza en clase una traducción que a continuación será corregida por un compañero]

Ejemplo:

> **Weizäcker a favor de la limitación de las legislaturas**
>
> Según el ex canciller alemán Weizäcker se debería limitar la duración del cargo de canciller y del presidente de los partidos políticos. Como bien manifestó Weizäcker en un informe para el periódico al. F.A. el escándalo finaciero de la CDU era resultado de ello. Además, el ex canciller cree conveniente sancionar los delitos de ——— la financiación de los partidos. Sobre el comportamiento de Kohl argumentó que, más que la confesión de los nombres de los donanates, lo que realmente consideraba importante era "salir del bache" originado por "el hombre más fuerte de la política" de anteponer su honor a la Justicia y la Constitución. "Es una osadía hacer mención de la palabra de honor de un hombre así." opinó el ex canciller. Nadie cree realmente que Kohl haya conseguido esa riqueza ——— sin embargo las cantidades destinadas a asuntos turbios e ingresadas en cuentas ocultas son colosales.

7.3. Revisión del compañero ⇐

1. ERROR DE TRADUCCIÓN (0,5-1): afecta a la comprensión del contenido del TLO por parte del destinatario de la traducción

— Transmisión de significado (S): sin sentido, falso sentido, contrasentido, no mismo sentido, ambigüedad: Der letzte Satz
— Transmisión de información (+I)/ (–I): gegen die Bestimmungen zur
— Transmisión de datos culturales (C): ————

2. ERROR DE LENGUA (0,10-0,5)
— Ortografía, puntuación (O): *Weizäker*
— **Léxico (L)**: käuflich, Ehrenwort, Bundespräsident
— **Gramática (Gr)**: resultado de NICHT...SONDERN es lo que respalda
— **Estilo (E)**: ————
— **Convenciones textuales (Ct)**: presidente de los partidos políticos > no cada partido político tiene su presidente

7.4. **Revisión por parte del profesor**

> **Weizäcker a favor de la limitación de las legislaturas (1)**
>
> Según el ex canciller (2) alemán (3) Weizäcker se debería limitar la duración del cargo de canciller y del presidente de los partidos políticos. Como bien manifestó Weizäcker en un informe (4) para el periódico al. F.A. (5) el escándalo financiero de la CDU era resultado de ello (6). Además, el ex canciller (7) cree conveniente sancionar los delitos de ——— (8) la financiación de los partidos. Sobre el comportamiento de Kohl argumentó que, más que la confesión de los nombres de los donantes, lo que realmente consideraba importante era "salir del bache" originado por "el hombre más fuerte de la política" de (9) anteponer su honor a la Justicia y la Constitución. "Es una osadía hacer mención de la palabra de honor de un hombre así (10)." opinó el ex canciller. Nadie cree realmente que Kohl haya conseguido esa riqueza ——— (11) sin embargo las cantidades destinadas (12) a asuntos turbios e ingresadas en cuentas ocultas (13) son colosales.

1. *Limitar las legislaturas* la expresión es errónea, lo que dice el texto es limitar el número de mandatos de los cargos [consúltese DRAE: *legislatura/mandato*].

2 y 7. El texto dice *presidente* no *canciller.* Podría ser un error en la transmisión de datos culturales, pero en este texto afecta a la comprensión del mismo, puesto que la noticia trata de lo que opina el presidente acerca de los escándalos financieros de la CDU y del papel y la actuación del ex canciller con respecto al asunto.

3. Falta la documentación acerca del nombre propio y del apellido completo.

4. El original dice *Beitrag*, en este contexto es de suponer que se refiera a *artículo* de opinión.

5. al. F.A.: estas abreviaturas no son correctas; el adjetivo alemán, aquí innecesario, y el nombre del periódico se escriben completos. Las siglas, sin puntos.

6. Ambiguo, refleja falta de comprensión del original.

8. Falta una palabra, *Bestimmungen,* que quiere decir: *normativa (normas), reglamento (reglas), disposiciones.* [Ficha: diccionario monolingüe y bilingüe.]

9. Error morfosintáctico, mal uso de las preposiciones.

10. Falta de comprensión del estilo directo del texto de origen.

11, 12 y13. El lector de la traducción capta difícilmente la idea que transmite el original: No se piensa que Kohl sea sobornable o haya tratado de enriquecerse, pero es cierto que han salido a la luz asuntos oscuros en relación con la procedencia de cantidades enormes de dinero negro.

7.5. Traducción propuesta

Weizäcker aboga por limitar el número de mandatos

El ex presidente alemán von Weizäcker se ha pronunciado a favor de una reducción de los mandatos de canciller y de presidente de partidos políticos. En un artículo escrito para el diario *Frankfurter Allgemeine Zeitung*, ponía como ejemplo el escándalo financiero de la CDU para argumentar su propuesta. El ex presidente subrayó la necesidad de imponer sanciones penales contra las infracciones cometidas en torno a la financiación de partidos.

Con respecto a la conducta de Kohl, Weizäcker cree más importante superar el bache provocado por la pretensión "del político más poderoso" de poner su palabra de honor por encima de la Ley y de la Constitución que el hacer públicos los nombres de los donantes. "Es un descaro hacer valer su palabra como prueba", sentencia el ex presidente. Nadie afirma en serio que Kohl se haya dejado comprar o haya querido enriquecerse. Sin embargo, es terrible lo que ha salido a la luz en cuestión de procedencias oscuras o cuentas negras.

CAPÍTULO 8

REFERENCIAS BIBLIOGRÁFICAS

ADAM, L. V., *Les textes: types et prototypes, Récit, description, argumentation, explication et dialogue*. Paris: Nathan Université, 1992.

Agencia EFE, *Manual de español urgente*. Madrid: Cátedra, 1991.

BEAUGRANDE, R. A. de, y W. DRESSLER, *Introducción a la lingüística del texto*. Barcelona: Ariel, 1997. Traducción e introducción de Sebastián Bonilla.

BRINKER, K., *Linguistische Textanalyse*. Berlin: E. Schmidt, 1985.

BRINKER, K., «Aspekte der Textlinguistik», en *Germanistische Linguistik*, 1991.

BÜHLER, H., «Textlinguistische Aspekte der Übersetzungsdidaktik», en W. Wilss y G. Thome (eds.), 1984, 250-259.

BUSTOS GISBERT, J. M., *La construcción de textos en español*, Ed. Universidad de Salamanca, 1996.

CASTELLÁ, J. M., «Les tipologies textuals», en M. J. CUENCA (ed.), *Lingüística i ensenyament de llengües*. Universidad de Valencia, 1994, 109-124.

Der Deutschunterricht 1/1990 (en especial los artículos de W. Wilss, P. Kussmaul, G. Thiel y G. Thome; y R. Arntz y E. Eydam).

DRESCHER, H. W. (ed.), *Transfer. Übersetzen – Dolmetschen. Interkulturalität.* Frankfurt: Peter Lang, 1997.

EL PAÍS, *Libro de estilo*. Madrid: Ediciones EL PAÍS, 1990.

ENGEL, U., *Deutsche Grammatik*. Heidelberg: Julius Gross, 1988.

GÖPFERICH, S., *Textsorten in Naturwissenschaften und Technik*. Tübingen: Narr Verlag, 1995.

GRIJELMO, A., *El estilo del periodista*. Madrid: Santillana, S. A. y Taurus, 1997.

GÜLICH, E. /W. RAIBLE, *Linguistische Textmodelle*. München: W. Fink Verlag, 1977.

HELBIG, G., «Zur Stellung und zu Problemen der Textlinguistik», en *Deutsch als Fremdsprache* 5/1980, 264-265.

HURTADO, A., «La enseñanza de la traducción directa "general". Objetivos de aprendizaje y metodología», en A. Hurtado (ed.), *La enseñanza de la traducción*. Castellón: Publicaciones de la Universidad Jaume I, 1996, 31-56.

KOLLER, W., *Einführung in die Übersetzungswissenschaft*, 2.ª ed., Heidelberg: Quelle & Meyer, 1982.

LA VANGUARDIA, *Libro de redacción*. Barcelona: La Vanguardia, 1986.

MATT, P. *et al.*, «Übersetzungsrelevante Typologie deutscher und französischer Texte. Bericht über ein Forschungsprojekt», en *Zeitschrift für germanistische Linguistik* 6/1978, 223-233.

MOUNIN, G., *Los problemas teóricos de la traducción*. Madrid: Ed. Gredos, 1971. Traducción de Julio Lago.

NORD, C., «El error en la traducción: categorías y evaluación», en A. Hurtado (ed.), *La enseñanza de la traducción*. Castellón: Publicaciones de la Universidad Jaume I, 1996, 91-108.

POZO MUNICIO, J. I., *Aprendices y maestros*. Madrid: Alianza, 1996.

PUENTE FERRERAS, A. (ed.), *Cognición y aprendizaje. Fundamentos psicológicos*. Madrid: Pirámide, 1998.

PRESAS, M., «Enfoque modular de la didáctica: Tareas para la adquisición de la competencia traductora», en Elena, P. *et al.* (eds.), *Universo de palabras. Actas del I Simposio de la traducción del/al alemán*. Salamanca, 1999, 381-393.

REISS, K., *Möglichkeiten und Grenzen der Übersetzungskritik*. München: Hueber, 1971.

REISS, K., *Texttyp und Übersetzungsmethode. Der operative Text*. Kronberg: Skriptor, 1976.

REISS, K. y H. VERMEER, *Grundlegung einer allgemeinen Translationstheorie*. Tübingen: Niemeyer, 1984.

ROBINSON, B., «La evaluación de la traducción», en *Actas de las I Jornadas sobre diseño curricular del traductor e intérprete*. Granada, 1996, 199-208.

WERLICH, E., *Typologie der Texte*. 2.ª ed. Heidelberg: Quelle & Meyer, 1979.

WILSS, W., *Übersetzungswissenschaft. Probleme und Methode*. Stuttgart: Klett, 1977.

WILSS, W. y G. THOME (eds.), *Die Theorie des Übersetzens und ihr Aufschlusswert für die Übersetzungs- und Dolmetschdidaktik*. Tübingen: Narr, 1984.

WORBS, E., «Plädoyer für das zweisprachige Wörterbuch als Hilfsmittel des Translators», en Drescher, H. W. (ed.), 1997, 497-510.

ANEXOS

Textos I/2 y 3

Clinton für Friedensnobelpreis 2000 vorgeschlagen

OSLO, 31. Januar (Reuters). Der amerikanische Präsident Clinton ist nach offiziellen Angaben für den diesjährigen Friedensnobelpreis vorgeschlagen worden. Zur Begründung hieß es, die Vereinigten Staaten hätten die Welt vor dem Nationalsozialismus, dem Kommunismus und anderen totalitären Regimen gerettet. Neben Clinton wurden unter anderem Papst Johannes Paul II., die Vereinten Nationen (UNO) und die Vermittler in den Friedensverhandlungen in Nordirland und im Balkan nominiert. Im vergangenen Jahr erhielt den Preis die Organisation „Ärzte ohne Grenzen".

Walser lobt Fernsehreihe über den Holocaust

F.A.Z. FRANKFURT, 28. Januar. Der Schriftsteller Martin Walser würdigt in einem Gespräch mit dieser Zeitung eine neue Fernsehreihe über die Geschichte der Auseinandersetzung deutscher Intellektueller mit dem Holocaust als Sternstunde des deutschen Fernsehens. Die Reihe „Auschwitz und kein Ende", eine Koproduktion des Südwestrundfunks und des Westdeutschen Rundfunks, lasse die „Zeit selbst erzählen". Dadurch entstehe eine Nähe zum Gegenstand, die weit gehend verloren sei, weil man „heute nur noch nach gut und böse" schiele. Walser ist dem Fernsehen dankbar: Es sei in der „intellektuellen Analyse tüchtiger, als man es ihm zugetraut hätte". (Siehe Feuilleton.)

Texto I/4

Dienstag, 1. Februar 2000, Nr. 26/5 D

Einspruch gegen Entlassung Pinochets abgewiesen

Hr. LONDON, 31. Januar. Der frühere chilenische Diktator Pinochet, der seit Oktober 1998 in britischer Auslieferungshaft lebt, ist seiner Freilassung wieder einen Schritt nähergekommen. Ein Londoner Richter hat am Montag den jüngsten Einspruch gegen eine mögliche baldige Entlassung abgewiesen, Belgien und sechs Menschenrechts-Organisationen hatten vorgebracht, Innenminister Straw habe „unfair" gehandelt, als er die Ergebnisse einer ärztlichen Untersuchung des 84 Jahre alten Pinochet für geheim erklärt hatte. Unter Hinweis auf diese Untersuchung hatte Straw am 11. Januar angekündigt, er sei geneigt, Pinochet freizugeben. Die Antragsteller haben vorgetragen, die Geheimhaltung entziehe ihnen jede Handhabe, gegen den medizinischen Befund zu argumentieren. Auch gegen den Richterspruch vom Montag ist noch ein Einspruch möglich. Es hieß, Belgien wolle diese Möglichkeit nutzen. Ursprünglich war Pinochet auf spanisches Ersuchen festgenommen worden.

Texto I/4 (Texto paralelo: similar)

EL PAÍS, miércoles 2 de febrero de 2000

EL 'CASO PINOCHET'

AI se une a Bélgica y pide la revisión judicial

Straw no liberará a Pinochet antes de la vista del próximo lunes

ERNESTO EKAIZER, ENVIADO ESPECIAL, Londres

El ministro del Interior británico, Jack Straw, aseguró a los abogados de Bélgica que no adoptará su decisión final de liberar al general Pinochet hasta "el término de los argumentos" en la vista que tendrá lugar ante un tribunal de tres jueces el lunes. El ministro dice que el tema de los plazos "puede volver a replantearse" al final de la citada vista. Ayer, Amnistía Internacional (AI) se unió a Bélgica en la petición de renovar el recurso. El juez Simon Brown presidirá el tribunal.

En una breve carta enviada por el abogado del Tesoro británico, C. R. Ashfood, a los letrados de Bélgica, se señala que "no habrá decisión en relación a la extradición del senador Pinochet antes de la conclusión de los argumentos en el tribunal divisional [Divisional Court], la semana próxima". La carta agrega: "El asunto puede ser replanteado nuevamente en el tribunal divisional al concluir la fase de argumentos".

El general Pinochet pasará este fin de semana en su casa de Virginia Water, en el condado de Surrey, pero todavía no es seguro que pueda embarcarse en el avión de la Fuerza Aérea Chilena que le espera en la base aérea de Brize Norton, en Oxfordshire, la semana próxima. Todo dependerá del tiempo que los tres jueces del nuevo tribunal empleen en resolver.

Amnistía Internacional se sumó ayer a Bélgica al anunciar que ha llenado el formulario judicial para renovar su petición de permiso para recurrir en revisión judicial la decisión preliminar de Jack Straw. Esta decisión preliminar o provisional está corriendo una suerte inesperada e insólita en la historia judicial británica, ya que es una resolución no adoptada como tal que ha sido objeto de recursos. El primero se ha visto ante el Alto Tribunal de Justicia. El juez, Maurice Kay, rechazó tajantemente la petición de permiso para recurrir el pasado lunes.

"No es negocio suyo" escribió el juez en su fallo, refiriéndose a que AI no tenía por qué pedir la entrega del informe médico secreto sobre la salud de Pinochet a las partes. Y, ahora por segunda vez, será la Divisional Court o tribunal encargado de supervisar resoluciones de tribunales inferiores relacionados con la aplicación de la ley administrativa, la que va decidir. Lo novedoso es que por primera vez un juez del tribunal de apelaciones formará sala con otros dos jueces del Alto Tribunal. Ese juez, según supo EL PAÍS ayer, será lord Justice Simon Brown, que como miembro de la Court of Appeal (tribunal de apelaciones) presidirá el nuevo tribunal, junto con otros dos miembros del Alto Tribunal.

Jack Straw, ayer, a su llegada al Ministerio del Interior británico. / REUTERS

El compromiso del ministro Straw de mantener la situación actual, esto es, la nueva prórroga de su decisión final hasta después que falle el nuevo tribunal encargado de revisar la petición de los recurrentes, llevó a los abogados de Bélgica a abstenerse de acudir al Alto Tribunal de Justicia para solicitar una orden cautelar que asegurase la situación actual de fianza bajo custodia policial de Pinochet, según anunciaron el lunes pasado tras escuchar el fallo del juez Kay.

Las bases de los recursos son exactamente las mismas que fueron presentadas la semana pasada ante el juez Kay. Tanto Bélgica como AI sostienen que existe un interés público por encima de los derechos de Pinochet a la confidencialidad de los informes médicos que han servido para que Straw adopte su decisión preliminar de liberar al ex dictador, interés público que el ministro del Interior no tuvo en cuenta. Bélgica, en particular, sostiene que no se le dejó ver el informe habida cuenta de que el director de la Fiscalía Pública británica y el abogado del Estado del Reino Unido han tenido acceso al mismo. Los abogados sostienen que Bélgica es, como las dos autoridades británicas, una "autoridad de persecución penal", ya que está buscando la extradición de Pinochet.

La resolución del nuevo tribunal que estudiará el permiso sólo puede ser objeto de recurso ante los jueces lores (tribunal supremo) si el mismo tribunal divisional da el permiso para ello en consideración a la existencia de un punto de ley relevante para el interés público.

Texto I/4 (Texto paralelo: similar)

EL PAÍS, martes 25 de enero de 2000

EL 'CASO PINOCHET'

Amnistía Internacional y Bélgica presentan hoy sus peticiones de autorización para recurrir

Straw acepta someter al Alto Tribunal británico su decisión preliminar de liberar a Pinochet

ERNESTO EKAIZER, Londres
ENVIADO ESPECIAL

El Ministerio del Interior británico, Amnistía Internacional (AI) y el Gobierno de Bélgica han acordado discutir en el Alto Tribunal de Justicia inglés la petición de permiso para presentar un recurso de revisión judicial contra la decisión preliminar de liberar a Augusto Pinochet, anunciada por el ministro Jack Straw el pasado 11 de enero. AI y el Gobierno de Bélgica presentarán hoy por la mañana su petición de autorización para recurrir y se ha convocado para mañana, miércoles, la vista. El ministro Jack Straw se ha comprometido a no adoptar su decisión final antes del jueves.

Una víctima de la dictadura de Pinochet pide justicia, ayer, frente al palacio de La Moneda, en Santiago. / ASSOCIATED PRESS

Las alternativas contempladas por los abogados de Amnistía Internacional y por el Gobierno de Bélgica eran dos: esperar la decisión final del ministro Straw y presentar acto seguido, sin pérdida de tiempo, el recurso de revisión judicial; o bien, dirigir el recurso contra la decisión preliminar ya anunciada por el titular de Interior de que va a liberar a Pinochet, por encontrarse éste incapacitado para someterse a un juicio en España. El recurso de revisión judicial está previsto por la ley de Extradición británica y su concreción siempre exige el paso previo de una autorización (*leave*) del Alto Tribunal de Justicia británico.

En la primera hipótesis de trabajo, un recurso de revisión judicial corría el riesgo de tramitarse al tiempo que Pinochet abandonaba Londres rumbo a Santiago (Chile). Sucede que una de las consecuencias inmediatas de la decisión de Straw es que el magistrado del tribunal de Bow Street, que tramitó la extradición, dicte una orden para cancelar el arresto que mantiene a Pinochet en el Reino Unido.

Esa orden sólo la puede frenar, ordenando su vigencia, el Alto Tribunal de Justicia, pero fuentes jurídicas la consideran una decisión muy difícil de obtener. Por tanto, el recurso de revisión judicial, en este caso, se tramitaría con Pinochet en Chile y tendría un carácter "teórico".

La segunda alternativa, que ha predominado, es la de someter a revisión judicial la decisión preliminar anunciada por Straw, en el sentido de que su forma de actuar *casijudicial* no respeta la ley de Extradición británica al no desvelar a las partes del procedimiento España, Bélgica, Francia, Suiza, y las organizaciones que han intervenido en el caso— el informe médico que llevará a la liberación de Pinochet por estar incapacitado para sometese a juicio. En este sentido, tanto Amnistía Internacional como el Gobierno belga calificarán en sus escritos la decisión preliminar de Straw como "ilegal", y "desleal" con la igualdad de armas que se prevé en todo procedimiento judicial. Si la primera de las posibilidades suponía correr el riesgo de no tener siquiera la oportunidad de cuestionar la legalidad de la decisión ante el Alto Tribunal de Justicia con Pinochet *de cuerpo presente* en Londres —habida cuenta de que podrá viajar a Santiago una vez libre—, la segunda no carece de trampas y peligros.

Las mejores condiciones

En efecto, si el juez del Alto Tribunal de Justicia, o dos jueces, tras escuchar los argumentos de los recurrentes —entre los cuales la silla de España estará vacía por rechazar el Gobierno de José María Aznar la presentación del recurso propuesto por el juez Baltasar Garzón— decidiese no dar autorización a Bélgica y Amnistía Internacional para recurrir en revisión judicial la decisión preliminar ya anunciada, Straw estaría en las mejores condiciones legales para anunciar al día siguiente, jueves 27 de enero, por ejemplo, su resolución definitiva de liberar a Pinochet.

"El recurso, por decisión del Gobierno de Bélgica, se presentará mañana [por hoy martes]. No tiene sentido correr el riesgo de esperar a la decisión final porque, en tal caso, el efecto que pueda tener el recurso será inocuo", dijo ayer a este periódico el abogado Philippe Sands, que ha recibido el encargo de redactar el recurso ayer por la tarde. "Vamos a trabajar toda la noche para tenerlo listo por la mañana [por hoy]", dijo Sands.

La decisión del Gobierno belga fue adoptada el pasado fin de semana. "El ministro de Asuntos Exteriores belga dirigió una carta a su homólogo [británico] Robin Cook en la que, en primer lugar, le felicita por el coraje de haber detenido a Pinochet, hace ahora más de 15 meses, pero, en segundo lugar, le advierte de que hay que llegar hasta el final", dijo anoche a EL PAÍS Michel Malherbe, portavoz del Ministerio de Asuntos Exteriores belga.

Las autoridades belgas también contemplan la posibilidad de llevar al Gobierno británico ante el Tribunal Internacional de Justicia de La Haya ante un eventual incumplimiento de la Convención contra la Tortura. "Lo estamos analizando. Para poder hacerlo es necesario que haya un conflicto entre ambos Estados, Bélgica y el Reino Unido. Por el momento, tenemos un recurso contra una decisión preliminar. Una vez que se consume el conflicto se podrá ir a La Haya", dijo a éste periódico Michel Malherbe.

Texto I/4 (Texto paralelo: complementario)

El sentido de la verdad y del ridículo

ERNESTO EKAIZER

El presidente del Gobierno, José María Aznar, el lunes, y el ministro de Exteriores, Abel Matutes, ayer, han vuelto a explicar que, siendo la decisión del ministro Straw una decisión "política", el Gobierno español, comprometido desde hace tiempo con el Gobierno chileno, había resuelto no presentar recurso contra una eventual liberación del general Augusto Pinochet. Ambos han explicado que en la etapa "judicial" de este caso el Gobierno ha respetado la actuación del juez; pero que, en la etapa "política", se guían por la política exterior, esto es, por el pacto con Chile.

La ley de extradición británica de 1989, sección 12, establece que es el ministro del Interior quien decide, una vez terminado el procedimiento judicial y declarada una persona técnicamente apta para ser extraditada, si esa persona es entregada o no. La sección 12 establece que si el ministro considera "injusta o cruel" la entrega del acusado, puede decidir rechazar la extradición.

En el *caso Pinochet*, el ministro Straw, asesorado por el abogado Jonathan Sumption, ha anticipado esa decisión, sin esperar al final de las actuaciones. El magistrado británico Ronald Bartle dictó el pasado 8 de octubre de 1999 un fallo favorable a la extradición de Pinochet a España, y la defensa de Pinochet, al recurrir dicho fallo, paralizó la potencial entrega del ex dictador. Es en este periodo cuando el ministro Straw, no pudiendo considerar la entrega a España por estar el fallo sujeto a recurso, recibe la petición de Chile, el 14 de octubre de 1999, para que se libere al ex dictador por razones de salud.

El ministro Straw actúa, según ha explicado muchas veces, en una función cuasijudicial, esto es, tiene un ojo con la vista en los tribunales, ante los cuales se puede recurrir su decisión, cualquiera sea ésta. ¿Recurrir? Sí. Mientras en España la ley de extradición pasiva sólo permite a una persona recurrir en amparo al Tribunal Constitucional contra su eventual entrega a otro país y convierte en inapelable por parte de un Estado extranjero la decisión que pueda adoptar el Consejo de Ministros respecto a la entrega de una persona, en el Reino Unido es distinto.

La persona acusada a la cual decide entregar el ministro del Interior británico tiene el derecho de presentar un recurso de revisión judicial contra dicha resolución. Ese recurso, según la ley, paraliza la entrega hasta que se sustancie en los tribunales. Ahora bien, la ley otorga también al Estado requirente, en este caso España, el derecho de presentar un recurso de revisión. Pero con una diferencia: mientras el recurso que presente el acusado paraliza la entrega, el recurso del Estado extranjero, no. Esta paralización es una cuestión a decidir por el Alto Tribunal de Justicia ante una solicitud de medidas cautelas (*stay of execution*).

En la Cámara de los Comunes, el 13 de enero pasado, al debatirse el procedimiento por el que el ministro del Interior había adoptado su decisión preliminar de liberar al ex dictador, Straw dijo: "Estoy en desacuerdo con mi honorable amigo [el diputado laborista Tony Benn] cuando dice que estas decisiones son decisiones políticas. No son decisiones fáciles, pero creo que sucesivos ministros del Interior han intentado ejercer sus responsabilidades en una forma cuasijudicial y han sopesado los hechos de cada uno y otros casos similares y sus obligaciones legales sobre ellos. Eso es lo que precisamente he buscado hacer en este caso".

Cada uno puede pensar lo que quiera sobre las razones verdaderas de la decisión preliminar —pronto definitiva— de Jack Straw. Pero aun para contradecir, matizar o discrepar es necesario, como suele decirse en los tribunales de Londres, partir de un terreno común (*common ground*): hay, pues, que atenerse a las palabras del ministro y a los preceptos de la ley.

Los penalistas opinan que la justificación del Gobierno español es una falacia

La decisión del juez Kay, al desestimar el permiso para la revisión judicial, no ha señalado que la decisión del ministro es política o inapelable, como pretende, más o menos marrulleramente, el Gobierno español. Lo que ha dicho es lo que está escrito: que los argumentos de los recurrentes no le convencen, que Straw —que no el Gobierno británico, como distraídamente pretenden Aznar y Matutes— ha actuado de manera "legal, justa y razonable". El juez, por tanto, ha valorado judicialmente la decisión preliminar del ministro.

Y ha subrayado que España, que tenía los títulos para recurrir, ha defeccionado.

Habrá que recordar que el abogado Alun Jones, que ganó en los tribunales la extradición, preguntado por el Gobierno español si cabía recurrir, aconsejó hacerlo el pasado jueves 20 en un informe que el Ministerio de Asuntos Exteriores no envió al juez Garzón por considerarlo de "propiedad gubernamental". Jones tenía dos cosas que quizá Bélgica y Amnistía Internacional no tenían: título para recurrir (España) y, según decía, argumentos sólidos.

Hace algunos días, este periodista preguntó al jefe del gabinete técnico del ministro Matutes por qué razón el *caso Pinochet* era ahora "político" y antes "judicial". En sus precisos términos: ¿Por qué el Gobierno de Aznar no bloqueó, el 6 de noviembre de 1998, la extradición propuesta por el juez Garzón, con el mismo argumento —los compromisos con Chile y la defensa de la política exterior española— que ahora ha usado para rechazar el recurso de revisión judicial?

Cabanas, un hombre afable y con fibra diplomática en los momentos de mayor dificultad, contestó: "Lo estudiamos, pero nuestros servicios informaron de que podía plantearse un conflicto de jurisdicción con el poder judicial. El Gobierno decidió no ir por esa vía". Cabanas agregó que si el Consejo de Ministros bloqueaba por razones de política exterior la solicitud de extradición se "infringía la ley".

Los juristas opinan que es bastante discutible. El penalista Luis Rodríguez Ramos, que asesora a la Embajada de Chile, ha señalado a este periodista en reiteradas oportunidades que la justificación del Gobierno español es una falacia. Hay otros juristas para quienes la Constitución Española, al confiar al Ejecutivo la política exterior, hubiera dado pie a bloquear una petición de extradición.

La verdadera razón, más allá de los dictámenes jurídicos a los que alude Cabanas, es otra. Y esta sí, como diría Aznar, es "política". En octubre de 1998, el actual presidente del Gobierno había lanzado su campaña "Viaje al Centro" del partido Popular. Rechazar la petición de extradición, razón de Estado, estuvo entonces por debajo de la razón de partido, se subordinó a esos intereses partidarios. Este periodista recuerda que por aquellas un periódico de Barcelona publicó una foto de una manifestación contra Pinochet en la cual se visualizaba a Aznar. En La Moncloa, un responsable hizo varias llamadas a otros medios. Sugería: "No me importaría si la publicáis". Pero esto, que interesaba entonces, como se vio en las encuestas, ya no vale la pena. Aznar estima que la gente captó su mensaje hace año y medio, y que ahora está cansada del caso. Puede que tenga razón. Pero esa razón no da derecho a manipular.

Contra lo que dice Matutes, en esta historia no se trata de sentido del ridículo. Una cosa es que la ministra de Justicia, Margarita Mariscal de Gante, no tenga que estar aquí a pie de los tribunales, como la ministra belga Chantal Monet lo hizo el lunes, pero otra cosa es sugerir sibilinamente que un país amigo, Bélgica, puede estar haciendo el ridículo. El apoyo de un Gobierno a sus jueces, como hace la ministra Monet, enseña mucho.

Texto I/5

Mittwoch, 26. Januar 2000, Nr. 21 / 4 D

Weizmann gibt Teil seiner Amtsvollmachten ab

JERUSALEM, 25. Januar (dpa). Israels Präsident Weizman wird einen Teil seiner Amtsbefugnisse vorläufig nicht ausüben. Er folgt damit einer Forderung von Justizminister Beilin. Dieser hatte das Staatsoberhaupt schriftlich aufgefordert, einige Funktionen bis auf weiteres ruhen zu lassen. Weizman hatte sich noch am Sonntagabend öffentlich geweigert, Konsequenzen aus den gegen ihn eingeleiteten polizeilichen Ermittlungen wegen der Annahme hoher Geldgeschenke von einem französischen Geschäftsmann zu ziehen. Die Anwälte des Politikers bestätigten jedoch, dass Weizman bis zum Abschluss der Ermittlungen auf die Vereidigung von Richtern und die seinem Amt vorbehaltene Begnadigung Gefangener verzichten wird. Bemühungen einiger Parlamentsabgeordneter, Weizmann durch eine Abstimmung in der Knesset abzusetzen, scheinen inzwischen endgültig gescheitert zu sein.

Texto I/6

Frankfurter Allge

ZEITUNG FÜR DEUTSCHLAND

Herausgegeben von Jürgen Jeske, Berthold Kohler, Hugo Müller-Vogg, Günther Nonnenmacher, Frank Sch

Clintons selbstbewusste Bilanz: Der Zustand der Nation ist besser als jemals zuvor

Verringerung der Staatsschulden, 20 Millionen neue Arbeitsplätze, starkes Wirtschaftswachstum

wie. WASHINGTON, 28. Januar. Mit den Worten: „Der Zustand unserer Nation ist besser als jemals zuvor", hat Präsident Clinton in der Nacht zum Freitag vor dem amerikanischen Kongress eine stolze und selbstbewusste Bilanz seiner doppelten Amtszeit vorgelegt. Sein letzter Bericht zur Lage der Nation, der ein Plädoyer für internationale Friedensbemühungen und einen Aufruf zu großen innenpolitische Anstrengungen beinhaltete (als Höhepunkt die Tilgung der amerikanischen Staatsschulden in Höhe von 5,7 Billionen Dollar bis zum Jahr 2013), war Rechtfertigung seiner acht Regierungsjahre und zugleich Wahlhilfe für seinen Wunschnachfolger, Vizepräsident Gore.

Nach politischen Rückschlägen durch die „republikanische Revolution" während seiner ersten Amtszeit und einer schweren persönlichen Krise durch die Lewinsky-Affäre und das gescheiterte Amtsenthebungsverfahren in der zweiten, konnte Clinton diesmal unbelastet auftreten und persönlichen Kredit für die beispiellos blühende amerikanische Wirtschaft beanspruchen. Er wies auf die Schaffung von zwanzig Millionen neuer Arbeitsplätze hin, auf das stärkste ökonomische Wachstum und die niedrigste Beschäftigungslosigkeit in dreißig Jahren, die niedrigsten Armutsraten - insbesondere unter den schwarzen und hispanischen Minderheiten - in zwanzig Jahren und die ersten aufeinander folgenden Haushaltsüberschüsse seit mehr als vier Jahrzehnten.

Von den Senatoren und Abgeordneten beider Parteien im Kapitol mit freundlichem Beifall empfangen, sagte Clinton: „Wir können uns glücklich schätzen, in diesem Augenblick der Geschichte zu leben. Niemals zuvor hat unsere Nation so viel Wohlstand und sozialen Fortschritt bei so geringen inneren Krisen und so wenigen auswärtigen Bedrohungen genossen." Clinton erläuterte dann über eineinhalb Stunden ein ehrgeiziges, aktivistisches und kostspieliges Regierungsprogramm, das nach seinem Wunsch über seine letzten zwölf Amtsmonate hinaus den Kurs der Politik unter einem demokratischen Nachfolger bestimmen soll. Dazu gehörten maßvolle Steuersenkungen, die Sicherung der Sozialversicherung, Krankenversicherung für alle und eine Erhöhung des Mindestlohns. Er sprach sich außerdem für eine Reform der Wahlkampffinanzierung aus sowie für schärfere Gesetze zur Kontrolle privaten Schusswaffenbesitzes.

Den außenpolitischen Teil seines Vortrags stellte Clinton unter das Motto der „wirtschaftlichen Globalisierung" als der „zentralen Realität unserer Zeit". Sie sei nur dann sinnvoll, wenn sie international zu mehr Demokratie, Freiheit und Friede beitrage. Als vordringlich bezeichnete er die Zusammenarbeit mit Russland und China und sagte: „Wir müssen unsere ehemaligen Gegner ermutigen, stabile, prosperierende und demokratische Nationen zu werden. Beide werden noch zurückgehalten: Russland durch das Erbe des Kommunismus, ökonomische Turbulenzen und einen grausamen und selbstzerstörerischen Krieg in Tschetschenien; China durch die Illusion, dass es auf Kosten von Freiheit Stabilität kaufen kann." (Fortsetzung Seite 2, siehe Wirtschaft.)

Texto I/6 (Texto paralelo: similar)

Texto I/7

Weizsäcker für Begrenzung von Amtszeiten

fy. BERLIN, 27. Januar. Nach Ansicht des früheren Bundespräsidenten von Weizäcker sollte die Amtszeit des Bundeskanzlers und des Parteivorsitzenden begrenzt werden. Dafür spreche der Finanzskandal der CDU, schreibt Weizäcker in einem Beitrag für diese Zeitung. Außerdem hält es das frühere Staatsoberhaupt für notwendig, Verstöße gegen die Bestimmungen zur Parteienfinanzierung strafrechtlich zu sanktionieren. Zu Kohls Verhalten äußert er, wichtiger noch als die Offenlegung der Spender sei es, den Tiefpunkt zu überwinden, der dadurch gekennzeichnet sei, dass „der mächtigste Mann in der Politik" sein Ehrenwort willkürlich über Recht und Verfassung gesetzt habe. „Es ist eine Zumutung, sich auf ein solches Manneswort zu berufen", urteilt der ehemalige Bundespräsident. Niemand behaupte ernsthaft, Kohl sei käuflich oder auf Reichtum aus gewesen. Doch was an dunklen Quellen und schwarzen Konten zu Tage getreten sei, sei ungeheuerlich. (Siehe Seite 3.)

Parte II

TEXTO PUBLICITARIO

FUNCIÓN PRIMARIA: APELATIVA

Capítulo 1

INTRODUCCIÓN A LA TRADUCCIÓN DEL TEXTO APELATIVO (MENSAJE PUBLICITARIO)

El texto publicitario es el anuncio o mensaje comercial que se difunde a través de la prensa. Como toda publicidad, su finalidad última es la de persuadir o cumplir las premisas comprendidas en la ya clásica fórmula AIDA: llamar la atención, despertar interés, generar un deseo y conducir a la acción de comprar.

Para lograrlo, el mensaje tiene a su disposición dos códigos que significan ya por sí mismos, pero que juntos pueden adquirir también una nueva significación global.

Los componentes aislados del mensaje son:

— el registro verbal que puede comprender la marca o rúbrica, el eslogan y el desarrollo textual, y
— el registro visual en el que pueden convergir elementos plásticos (composición, color, luz, distribución) y elementos figurativos (objetos y sujetos).

REGISTRO VERBAL	REGISTRO VISUAL

Esta dualidad de códigos (icónico y verbal) da lugar a una complejidad significativa que dificulta el análisis del anuncio publicitario y su posterior traducción, pues el contenido de un mensaje no sólo procede de sus integrantes, sino de la interacción de éstos, que se consigue mediante la manera de disponerlos entre sí unificándolos y al mismo tiempo aprovechando sus relaciones de fuerza y antagonismo.

Los ejes en torno a los cuales puede girar una campaña publicitaria, y esto es igual para ambos códigos, son:

— el producto anunciado,
— el consumidor al que se dirige la campaña,
— y el anunciante, que a veces se mezcla con el productor (llamados a veces respectivamente oferente y elaborador).

CONSUMIDOR	PRODUCTO	ANUNCIANTE

Sin embargo, no todos estos elementos están presentes en el mensaje publicitario, en cada caso particular la campaña puede centrarse en los elementos que más convengan para resaltar las excelencias de lo que tratan de vender.

Las estadísticas vienen a demostrar que las referencias al producto son las más abundantes (en ellas se destaca la bondad de la mercancía, pero también su antigüedad, la tradición, la elaboración esmerada, etc.). En segundo orden de prelación se situarían las referencias al posible consumidor o comprador. Y en último término aparecen las menciones al anunciante en las que se incide sobre todo en la atención al cliente.

<table>
<tr><th>CÓDIGO VERBAL</th><th>CÓDIGO ICÓNICO</th></tr>
<tr><td colspan="2">producto</td></tr>
<tr><td colspan="2">consumidor</td></tr>
<tr><td colspan="2">anunciante (productor)</td></tr>
</table>

Por lo que respecta únicamente al mensaje icónico hay que considerar las personas, los escenarios, además de determinados componentes de la imagen como:

— la luz (resalta la escena, oscuridad, penumbra = silencio),
— el color (gama fría, gama caliente + el símbolo de cada color – negro = elegancia),
— y el espacio (la localización de los elementos comerciales no es indiferente, la ubicación indica la importancia y el papel en el ritmo de lectura).

También es muy importante en cuanto a la imagen la consideración del escenario donde se desarrollan los hechos; los objetos y los sujetos del anuncio pueden hallarse en:

— un lugar ideal, escenario espléndido donde se produce o se consume la mercancía anunciada,
— o bien, en un "escenario cero", en el cual el producto acapara toda la escena, mostrándose por lo general frontalmente en posición axial sin un entorno determinado.

CÓDIGO ICÓNICO	
ELEMENTOS FIGURATIVOS	ELEMENTOS PLÁSTICOS
personas	luz
escenarios	color
distribución	composición

La evolución de un anuncio hasta que llega a los medios de comunicación recorre diversas etapas, todas ellas muy importantes para obtener los resultados deseados.

En una primera fase se define la estrategia que se va a seguir para conseguir la persuasión final. Se marcan pautas decisivas como los parámetros situacionales, el tipo de receptor, las motivaciones que se van a manejar, se elige el eje semántico sobre el cual va a descansar el peso de la persuasión.

En una segunda fase se diseña materialmente el anuncio, esto quiere decir en cuanto al texto que se perfila:

— su estructura externa, los elementos que va a tener (titular, cuerpo y pie o cierre), el espacio que va a ocupar y la tipografía,
— y su estructura interna, el tipo de argumentación elegida (por deducción, por inducción...) y los recursos tanto sintácticos, léxico-semánticos como retóricos que se van a emplear.

CÓDIGO VERBAL	
ESTRUCTURA EXTERNA	ESTRUCTURA INTERNA
eslogan	tipo de argumentación
cuerpo	recursos léxico-semánticos
cierre o rúbrica	recursos sintácticos

Al hablar del lenguaje publicitario se ha citado a menudo como característica principal el empleo de figuras retóricas tales como la metonimia, la sinécdoque, la aliteración, la anáfora, la paronomasia, etc. Pero no es menos cierto que este tipo de textos, que necesitan persuadir en un espacio muy breve de tiempo, buscan también recursos apropiados en el campo de la sintaxis, convirtiéndose ésta en fragmentaria con cierta tendencia al estilo nominal o la frase incompleta; también es importante tener en cuenta la frase imperativa, el modo de interpelación o las fórmulas de tratamiento. Por la misma naturaleza de estos textos se puede apreciar asimismo tanto la tendencia al uso abundante de adjetivos como el gusto por las construcciones comparativas.

Por último, tampoco cabe olvidar los tres grandes recursos empleados universalmente en cualquier estrategia publicitaria: la repetición, la afirmación y la orden. Así como el juego que se establece casi siempre entre lo conocido o previsible (el receptor puede aprehenderlo más fácilmente pero por eso mismo no tomarlo en consideración) y lo desconocido-imprevisible.

RECURSOS PUBLICITARIOS BÁSICOS
repetición
afirmación
orden (sutil)

El texto publicitario que se va a analizar es un anuncio de la marca *Patek Philippe* de Ginebra, casa dedicada a la fabricación de relojes de lujo, el mismo nombre de la marca tiene ya para los entendidos un valor connotativo. Las características del texto permiten demostrar los rasgos generales de este tipo de publicidad.

El mensaje global está integrado por una parte icónica y una parte verbal de cierta longitud (147 palabras). La imagen ocupa la parte izquierda del espacio asignado y el texto bordea la parte superior de la imagen y su margen derecho. La tipografía del registro verbal no llama la atención, el texto carece de entrada o eslogan inicial, sólo tenemos el cuerpo y al final la rúbrica con el nombre de la marca.

En este caso, el objeto anunciado, un reloj, está en posición frontal en el eje central de la imagen sostenido por unas manos (sinécdoque icónica) que muestran con cuidado, casi con reverencia, el producto ofrecido. El oferente, por la actitud de las manos, parece mostrar una joya, algo valioso digno de ser tratado con esmero. El futuro comprador también está implicado en la imagen atraído directamente por la fotografía que se le ofrece y la forma de ofrecerla. En este juego persuasivo no hay otros elementos que pudieran distraer la mirada del espectador. El objeto y la mano que lo porta están situados en un escenario cero y los colores se limitan al blanco y al negro, símbolo por excelencia de elegancia. El único componente que centra la mirada del espectador es la luz que incide directamente en el producto presentado y en partes de la mano que lo presenta.

El texto, que sirve de anclaje a la imagen, es el siguiente:

> Seit über 150 Jahren gehören Uhren von Patek Phillippe zu den besten der Welt. Der Grund ist sehr eifach. Wie sie gearbeitet werden macht den Unterschied. Das Wissen und Können, das andere längst vergessen haben. Der Sinn für das Detail, selbst wenn nur wenige es noch beachten. Und, das sei zugegeben, die völlige Missachtung der Zeit. Braucht ein bestimmtes Patek Philippe Werk vier Jahre Arbeit zur vollendete Perfektion, dann nehmen wir uns eben vier Jahre. Das Ergebnis wird eine Uhr sein, die keiner anderen gleicht. Eine Uhr, die ihre Qualität bereits auf den ersten Blick und bei der ersten Berührung vermittelt. Eine Uhr mit Charakter: von Generation zu Generation getragen, geliebt und gesammelt von all jenen, die nicht leicht zufriedenzustellen sind, denen nur das Beste gut genug ist. Erhalten Sie eines Tages Ihre Patek Philippe, haben Sie ein Meisterstück erworben, das Ihre eigenen Werte reflektiert. Geschaffen, um sie zu bewahren.

De una primera lectura el traductor debe extraer los elementos que intervienen en el acto suasorio y el eje semántico alrededor del cual se van tejiendo los diversos argumentos. En este caso concreto tenemos, al igual que antes vimos en la imagen, el objeto, el comprador y el oferente, unido al creador del reloj, actuando también como garante de éste. La idea que se quiere resaltar del reloj es su carácter de pieza de gran valor, que representa una tradición transmitida de generación en generación por las mejores familias, lo que podría enlazar con la idea de inmortalidad utilizada a menudo más o menos explícitamente en esta gama de textos publicitarios.

En una segunda lectura se pueden ir desglosando las diferentes partes del texto y los puntos de unión de unas partes con otras.

> Seit über 150 Jahren gehören Uhren von Patek Philippe zu den besten der Welt (1). Der Grund ist sehr einfach (2). Wie sie gearbeitet werden macht den Unterschied. Das Wissen und Können, das andere längst vergessen haben. Der Sinn für das Detail, selbst wenn nur wenige es noch beachten. Und, das sei zugegeben, die völlige Missachtung der Zeit (3). Braucht ein bestimmtes Patek Philippe Werk (4) vier Jahre Arbeit zur vollendete Perfektion, dann nehmen wir uns eben vier Jahre (5). Das Ergebnis wird eine Uhr sein, die keiner anderen gleicht (6). Eine Uhr, die ihre Qualität bereits auf den ersten Blick und bei der ersten Berührung vermittelt. Eine Uhr mit Charakter: von Generation zu Generation getragen, geliebt und gesammelt von all jenen, die nicht leicht zufriedenzustellen sind, denen nur das Beste gut genug ist. Erhalten Sie eines Tages Ihre Patek Philippe, haben Sie ein Meisterstück erworben, das Ihre eigenen Werte reflektiert (7). Geschaffen, um sie zu bewahren.

Empieza el texto con una definición-afirmación, recurso persuasivo básico dentro de la publicidad, etiquetando al reloj como uno de los mejores del mundo (1). A continuación se presenta una oración de enlace (*Der Grund ist sehr einfach*) (2) que contiene el tema siguiente relacionado con la forma de hacer los relojes, es decir, el elemento del oferente-elaborador aunque este tema es tratado todavía de forma indirecta (3); reaparece —repeticiones obligadas en todo mensaje publicitario— el tema del reloj (4) nombrando contundentemente el nombre de la marca para a continuación mencionar de nuevo esta vez de forma directa, en una especie de autopresentación explícita (en primera persona de plural con lo cual se mezcla también un elemento fático), el elemento oferente-creador-garante del producto (5), de nuevo una oración de enlace (6), que no se desperdicia puesto que insiste de nuevo en la bondad del producto, para pasar a mencionar al tercer protagonista del mensaje, el futuro comprador-portador del reloj (7), en las cuales se trata de despertar sus anhelos ocultos o su tendencia a aspirar sólo a lo mejor, a ser heredero y portador de la tradición de lo mejor, porque es uno de los elegidos; es un producto por tanto que psicológicamente debe ser identificado con el propio yo del cliente.

Si se contempla la distribución del texto desde el punto de vista de los referentes y de los contenidos temáticos, podría quedar como sigue:

Reloj	**Oferente/relojero**	**Cliente**
1. Seit über 150 Jahren gehören **Uhren** von **Patek Phillippe** zu den besten der Welt.		
	<u>2. Der Grund ist sehr einfach.</u> 3. Wie sie gearbeitet werden macht den Unterschied. Das Wissen und Können, das andere längst vergessen haben. Der Sinn für das Detail, selbst wenn nur wenige es noch beachten. Und, das sei zugegeben, die völlige-Missachtung der Zeit. Braucht ein bestimmtes **Patek Philippe Werk** vier Jahre Arbeit zur vollendete Perfektion, dann nehmen wir uns eben vier Jahre.	
4. **Eine Uhr,** die ihre Qualität bereits <u>auf den ersten Blick und bei der ersten Berührung vermittelt.</u>		
		<u>5. **Eine Uhr mit Charakter**</u>: 6. von Generation zu Generation getragen geliebt und gesammelt von all jenen, die nicht leicht zufriedenzustellen sind, denen nur das Beste gut genug ist. Erhalten Sie eines Tages Ihre **Patek Philippe**, haben Sie ein **Meisterstück** erworben, das Ihre eigenen Werten reflektiert.
7. **Geschaffen, um sie zu bewahren.**	7. **Geschaffen, um sie zu bewahren.**	7. **Geschaffen, um sie zu bewahren.**

El texto se podría dividir en las siguientes partes referenciales: 1. objeto, 2. enlace objeto-oferente, 3. oferente/productor, 4. objeto, 5. enlace objeto-cliente, 6. cliente, 7. unión de los tres elementos. Exceptuando las repeticiones de la palabra reloj o de la marca de éste a lo largo del texto, lo más llamativo y quizás lo más atractivo del mensaje sea su composición sintáctica, muy elaborada.

1 y 2. Empieza el texto con dos oraciones activas, simples, definitorias cuyos verbos son una cópula y una cuasicópula (*sein/gehören*); se trata como ya dijimos anteriormente del recurso de la definición-afirmación.

3. A partir del inicio empiezan una serie de oraciones con un orden dislocado, hipérbaton (*Wie sie gearbeitet werden macht den Unterschied*), a lo cual se añade una fuerte tendencia a la nominalización-enumeración (*Das Wissen und Können/Der Sinn für das Detail, die völlige Missachtung der Zeit*).

4. Se repite aquí la estructura de 1 y 2: *Das Ergebnis wird eine Uhr sein, die keiner anderen gleicht*

5 y 6. Se vuelve a repetir en parte el mismo esquema de 3: oraciones nominales (*auf den ersten Blick und bei den ersten Berührung, von Generation zu Generation*), presencia de la pasiva (de tal forma que el sujeto-protagonista sigue siendo el reloj), y de oraciones de relativo.

7. La línea de despedida que podría funcionar como eslogan se presenta también desde la perspectiva pasiva con sujeto y complemento agente implícitos, pero a través de la elección léxica, aun siendo una frase incompleta, están presentes de nuevo los tres elementos sobre los que se ha estructurado el mensaje: otra vez el reloj creado (*geschaffen*) por el relojero-oferente para ser conservado por el cliente (también sugestivamente oculto). En un anuncio publicitario bien estructurado se debe utilizar el cierre como argumento final sintetizando en él, a ser posible, todo lo dicho anteriormente y aquí se cumple esta máxima publicitaria a la perfección.

El tiempo verbal predominante es el presente en tercera persona, únicamente al final de los párrafos referidos al oferente y al cliente cambia la norma general, en el primer caso aparece una primera persona de plural (recurso fático: se une de este modo el oferente y el productor al mismo tiempo que queda implicado de alguna manera el lector), en el segundo caso aparece una tercera persona de plural acompañada de un pronombre *Sie* (de nuevo un recurso fático de apelación directa) que podría catalogarse también entre las llamadas órdenes sutiles. Entre las figuras retóricas se podrían citar el empleo de la paradoja, la triple enumeración, el paralelismo y la anáfora.

Para traducir se ha de tener en cuenta ante todo los recursos que ha utilizado el redactor del texto alemán y a ser posible también su forma de ponerlos en práctica. Cuando se plantea traducir un texto publicitario, un traductor no debiera plantear la estrategia de traducción partiendo de la idea de que en este tipo de traducciones está todo permitido. Muy al contrario, pienso que si los clientes de la traducción quisieran otro texto se lo encargarían a un nuevo redactor. Si se encarga una traducción quiere decir que las investigaciones previas han dado como resultado que el público al que va dirigido el mensaje es el mismo tipo de receptor en el país de origen y en el país de recepción de la traducción. Las investigaciones de mercado las hacen los publicitarios, no los traductores.

Hay que atender por tanto especialmente al mantenimiento de los recursos empleados en el original, las particularidades que se han ido anotando en la fase de análisis previo: las afirmaciones, las repeticiones, generalmente del nombre del producto y sus bondades, las estructuras sintácticas y estilísticas.

En este caso concreto una posibilidad de traducción sería la siguiente:

> Desde hace más de 150 años los relojes Patek Philippe son de los mejores del mundo. La razón es muy sencilla. La diferencia está en la manera de trabajarlos. El saber y la técnica, que muchos olvidaron hace tiempo. El amor por el detalle, aunque pocos sepan apreciarlo. Y, por qué no decirlo, el total desprecio por el tiempo. Si una pieza determinada del Patek Philippe necesita cuatro años para alcanzar una perfección total, invertimos esos cuatro años. El resultado será un reloj que no se asemeja a ningún otro. Un reloj que transmite calidad nada más verlo y tocarlo por primera vez. Un reloj con personalidad: todos aquellos que no se contentan con cualquier cosa, que sólo se conforman con lo mejor lo han llevado, amado y coleccionado generación tras generación. Si un día consigue su Patek Philippe estará en posesión de una obra maestra, reflejo de sus propios valores. Creado para ser conservado.

CAPÍTULO 2

EJERCICIO DE INICIACIÓN (TEXTO II/2)

⇒ **Actividad guiada por el profesor**

2.1. Preparación para la traducción

2.1.1. PRESENTACIÓN DEL TEXTO

Mehr Ruhe braucht das Land.

Ökologie ist das Thema unseres ausgehenden Jahrhunderts. Bei der Konzeption des Xedos 6 haben sich seine Ingenieure bemüht, die damit verbundenen Anforderungen zu berücksichtigen. So hat er besonders niedrige Verbrauchswerte und recyclingfähige Kunststoffe. Und wünschen Sie eine Klimaanlage, so ist diese FCKW-frei. Der Xedos 6 berücksichtigt aber noch einen weiteren Aspekt: Ruhe —für die Insassen und die Umwelt. So wurde ein neuer Sechszylinder geschaffen —mit einem der leisesten Triebwerke auf dem Markt— der Ihnen die Konzentration beim Fahren erleichtert und Ihrer Umwelt die verdiente Ruhe ermöglicht. Der Xedos 6 ist eben eine Limousine der besonderen Art.

XEDOS 6 mazda

2.1.2. Descripción de la macroestructura

Texto de origen (Mensaje publicitario)
Análisis de la estructura:
Eslogan **Mehr Ruhe braucht das Land.**
Cuerpo Ökologie ist das Thema unseres ausgehenden Jahrhunderts. Bei der Konzeption des Xedos 6 haben sich seine Ingenieure bemüht, die damit verbundenen Anforderungen zu berücksichtigen. So hat er besonders niedrige Verbrauchswerte und recyclingfähige Kunststoffe. Und wünchen Sie eine Klimaanlage, so ist diese FCKW-frei. Der Xedos 6 berücksichtigt aber noch einen weiteren Aspekt: Ruhe —für die Insassen und die Umwelt—. So wurde ein neuer Sechszylinder geschaffen —mit einem der leisesten Triebwerke auf dem Markt— der Ihnen die Konzentration beim Fahren erleichtert und Ihrer Umwelt die verdiente Ruhe ermöglicht.
Cierre y rúbrica Der Xedos 6 ist eben eine Limousine der besonderen Art. XEDOS 6 mazda

2.1.3. Fuentes de documentación

⇒ Textos de publicidad en alemán y español

⇒ Textos paralelos

⇒ Textos traducidos

2.1.4. Descripción de problemas microtextuales y actuación del traductor

A cada secuencia del texto le corresponde una actuación en la operación de transferencia

TEXTO DE ORIGEN	**PROCESO DE TRADUCCIÓN**
A. ANÁLISIS	B. ACTUACIÓN DEL TRADUCTOR
Clase de texto: **Mensaje publicitario**	El texto de destino debe ejercer la misma función.
Definición: Texto con un formato determinado que presenta un producto de forma atractiva para el consumidor.	
Estructura textual (macroestructura): 1. Eslogan Polisemia de los sustantivos *Ruhe* y *Land*. *Ruhe* representa el eje temático sobre el que descansa el texto (repeticiones a lo largo del mensaje).	**Problemas microtextuales:** 1b. *Ruhe*: descanso, silencio, reposo, calma, tranquilidad, serenidad: [Se deben tener en cuenta las repeticiones de esta palabra a lo largo del texto y comprobar la equivalencia que mejor puede llevar el eje temático en español.] *Land*: tierra, campo (frente a ciudad), país [nosotros = los ciudadanos de este país].
2. Cuerpo *a*) Definición: *Ökologie ist das Thema unseres augehenden Jahhunderts.* *b*) Construcciones nominales: *Bei der Konzeption...* *c*) Elementos fáticos, referencias directas al receptor (órdenes sutiles): *Und wünschen Sie... / der Ihnen... / und Ihrer Umwelt.* *d*) Empleo de siglas, tecnicismos y extranjerismos (muy frecuentes en la publicidad de coches): *FCKW, Sechszylinder, Triebwerk, recyclingfähig, Limousine.*	2b. *a*) Definiciones rotundas con verbos semánticamente débiles. *b*) Oraciones de infinitivo. *c*) Se deben mantener en la traducción (en el empleo de las formas de imperativo, se deben tener en cuenta las diferencias en el uso de éstas en ambas lenguas). *d*) Documentación: el uso de extranjerismos también es frecuente en esta clase de textos.
3. Cierre y rúbrica El cierre contiene elementos apelativos de primer orden, en este caso definición-afirmación, superlativo semántico en la construcción de complemento del nombre *der besonderen Art* que acompaña al extranjerismo *Limousine*. Es destacable también la aparición de una partícula modal *eben* que señala la conclusión de un razonamiento deductivo.	Se debe mantener el recurso de la definición-afirmación. Conviene evitar el uso de extranjerismos. Signo de conclusión en español.

2.2. **Transferencia y edición**

2.2.1. TRADUCCIÓN DE TRABAJO COMENTADA

> **El campo necesita descansar** (1).
>
> El tema de nuestro fin de siglo es la ecología (2). Nuestros ingenieros (3) lo han tenido en cuenta al fabricar (4) el Xedos 6 (5). Por eso está dotado de un consumo especialmente bajo y de materiales recicables. Y si usted lo desea (6), de aire acondicionado sin CFC (7). El Xedos 6 (8) ofrece además otra ventaja: descanso (9) —para los ocupantes y para el medio ambiente— (10).
>
> Por eso fue creado un nuevo 6 cilindros —con uno de los motores más silenciosos del mercado— que le ayuda a concentrarse cuando conduce (11) y le brinda el merecido descanso al medio ambiente (12). En definitiva, el Xedos 6 (13) es un coche de una clase especial (14).

⇒ *Comentarios acerca de la traducción:*

1. Se ha optado por la elección de *campo,* para enlazar con el tema ecológico que aparece en la primera oración del cuerpo del texto, y *descansar,* puesto que era la palabra que mejor encajaba en las repeticiones futuras.

2. La definición inicial se mantiene, el artículo determinado acompañando a *tema* le da el significado elativo que el alemán pone de manifiesto sin artículo.

3. Se ha transformado el orden sintáctico al adelantar el sujeto al que se ha acompañado de un posesivo *nuestro* (en alemán el posesivo se refiere al producto, aquí al productor).

4. Transformación de la construcción nominal alemana *Bei der Konzeption* en una oración de infinitivo.

5. Repetición (obligada) de la marca del producto.

6. Referencia directa al consumidor, tratamiento de *usted* (minúscula inicial).

7. *FCKW = Fluorchlorkohlenwasserstoffe / CFC = clorofluorcarbonados*. En español se utiliza la expresión *sin CFC* (no *libres de CFCs*).

8. Repetición de la marca.

9. Mantenimiento del eje temático (*Ruhe*).

10. *Umwelt* (medio ambiente, sólo el adjetivo *medioambiental* se escribe junto) se repite también y forma una unidad semántica con la palabra *Land* (campo) del eslogan.

11. Se han convertido en verbos los sustantivos alemanes *die Konzentration beim Fahren.*

12. De nuevo se repite *Ruhe* y *Umwelt*: se mantiene la reiteración en la traducción: *descanso* y *medio ambiente.*

13. Repetición de la marca.

14. Como conclusión se ha preferido la expresión *en definitiva*, se ha obviado el extranjerismo *limusina* y se ha convertido *der besonderen Art* en una expresión superlativa similar: *de una clase especial*.

⇒ **Resumen de los comentarios (ficha)**

- Mantenimiento de las repeticiones (la marca del producto, palabras en las que se sostiene el eje temático).
- Redacción de oraciones definitorias.
- Referencias al consumidor-receptor: empleo de las formas de imperativo, adjetivos posesivos.
- Partículas modales.
- Construcciones nominales.

2.2.2. Edición

TRADUCCIÓN

El campo necesita descansar

El tema de nuestro fin de siglo es la ecología. Nuestros ingenieros lo han tenido en cuenta al diseñar el Xedos 6. Por eso está dotado de un consumo especialmente bajo y de materiales reciclables. Y si usted lo desea, de aire acondicionado sin CFC. El Xedos 6 ofrece además otra ventaja: descanso —para los ocupantes y para el medio ambiente—. Por eso fue creado un nuevo 6 cilindros —con uno de los motores más silenciosos del mercado— que le ayuda a concentrarse cuando conduce y le brinda el merecido descanso al medio ambiente. En definitiva, el Xedos 6 es un coche de una clase especial.

CAPÍTULO 3

EJERCICIO DE CONSOLIDACIÓN (TEXTO II/3)

⇔ **Actividad guiada parcialmente por el profesor**

3.1. Preparación para la traducción

3.1.1. PRESENTACIÓN DEL TEXTO

<u>Der automatische Chronograph Da Vinci von IWC mit Ewigem Kalender und Mondphasenanzeige.</u>
<u>So kompliziert macht uns das keiner nach.</u>

Ist die Exklusivität einer Armbanduhr wirklich auch daran erkennbar, dass sie kopiert wird? Es gibt noch Leute, die sich von dieser Meinung täuschen lassen. Und deshalb befürchten, dass natürlich auch die Da Vinci nachgemacht wird. Wir, die Ur-Macher der einmaligen Da Vinci, können zur Beruhigung ihrer echten Liebhaberinnen und Liebhaber nur noch einmal darauf hinweisen, dass sie die Zeit in Sekunden, Minuten und Stunden misst.
Und ihr Chronomechanismus die Winzigkeit einer 1/8 Sekunde stoppt. Und die abgelaufenen Minuten und Stunden kumuliert und addiert. Und auf ewig angibt, wie der Mond am Himmel steht. Und auf ewig Datum, Wochentag, Monat, Jahr und Jahrhundert angibt. Und dabei berücksichtigt, ob der Monat 28, 29, 30 oder 31 Tage hat. Und auch bei einem Schaltjahr richtig schaltet.
Und damit eine der kompliziertesten mechanischen Armbanduhren ist. Die uns einfach keiner nachmachen will.

3.1.2. Revisión de la macroestructura

Texto de origen (Mensaje publicitario)
Análisis de la estructura:
Eslogan Der automatische Chronograph Da Vinci von IWC mit Ewigem Kalender und Mondphasenanzeige. So kompliziert macht uns das keiner nach.
Cuerpo Ist die Exklusivität einer Armbanduhr wirklich auch daran erkennbar, dass sie kopiert wird? [...] Und auch bei einem Schaltjahr richtig schaltet.
Cierre y rúbrica Und damit eine der kompliziertesten mechanischen Armbanduhren ist. Die uns einfach keiner nachmachen will.

3.1.3. Problemas microtextuales (marcados por el profesor). Posibles soluciones

- ➢ Señalar las secuencias del texto dedicadas a cada referente y poner de relieve los elementos característicos.
- ➢ Comparar el eslogan con el cierre.
- ➢ Léxico: *Chronograph, Chronomechanismus, Armbanduhr, Ur-Macher, Winzigkeit, Schaltjahr, schalten.*
- ➢ Explicar la figura: *auf ewig... auf ewig* y la repetición de la conjunción *und.*
- ➢ Enumerar la serie de oraciones subordinadas existentes en el texto y las implicaciones estilísticas que conllevan.

3.1.4. Fuentes de documentación

- ➢ **www.iwc.ch**
- ➢ **www.breitling.com**
- ➢ **www.tagheuer.com**
- ➢ **www.geresa.com**
- ➢ **www.rolexawards.com**

3.2. Traducción publicada

TRADUCCIÓN

El cronógrafo automático Da Vinci de IWC con calendario perpetuo e indicación perpetua de las fases de la luna. Tan complicado que no hay quien nos lo copie.

¿Es cierto que la exclusividad de un reloj de pulsera (1) se percibe en que se le copia?
Hay personas que se dejan engañar por esta opinión. Y, por esa razón, temen que se copie (2) también el Da Vinci.
Nosotros los relojeros (3) del Da Vinci único en su género, podemos tranquilizar una vez más (4) a sus verdaderos amantes indicando que éste mide el tiempo en segundos, minutos y horas (5). Y que su mecanismo cronométrico detiene en la pequeñez (6) de 1/8 de segundo. Y que acumula y suma los minutos y horas transcurridos. Y que indica por los siglos de los siglos (7) la posición que la luna toma en el cielo. Y que indica por los siglos de los siglos la fecha, el día de la semana, el mes, el año y el siglo. Y que tiene aquí (8) en cuenta si el mes tiene 28, 29, 30 o 31 días. Y que conmuta correctamente también en un año bisiesto.
Y que, por lo tanto, es uno de los más complicados relojes mecánicos de pulsera. Que, sencillamente no nos quiere copiar nadie (9).

3.3. Revisión y comentario del profesor ⇒

- Los elementos que sustentan la función del texto se han recogido en la traducción (las repeticiones, afirmaciones), así como determinados recursos lingüísticos como la estructura hipotáctica (oraciones completivas dependiendo del gerundio *indicando*) y polisindética, o el paralelismo del original *auf ewig... auf ewig.*

1. *Reloj de pulsera* es la traducción que se ha dado del compuesto alemán *Armbanduhr,* se repite también al final del texto. La traducción exacta de estos compuestos puede llegar a ser redundante en español: cuando por el contexto en textos de esta clase queda claro de qué tipo de reloj se trata se puede incurrir en un exceso léxico; en cambio, en otra clase de textos la exactitud en la denominación podría ser necesaria.

2. Aunque, *copiar* e *imitar* pueden ser parcialmente sinónimos en español, en este caso parece más oportuno decidirse por *imitar* (DRAE: *Ejecutar una cosa a ejemplo o semejanza de otra. //2. Parecerse, asemejarse una cosa a otra*). En alemán se utilizan los verbos *nachmachen* y *kopieren* para conseguir la conocida alternancia basada en la diferente procedencia de las palabras.

3. En la traducción se pierde el juego basado en la homofonía de las palabras *Urmacher* y *Uhrmacher* (*creador* y *relojero,* respectivamente), pero se podrían recoger igualmente las dos ideas: *Nosotros, los relojeros creadores del exclusivo Da Vinci.*

4. *Nur noch einmal* acompaña al infinitivo *hinweisen,* no a la expresión sustantiva *zur Beruhigung.* Y no significa *una vez más,* sino *sólo una vez más* o *por última vez.*

5. El orden de los componentes de dobletes y tripletes suele cambiar en español. Aquí se calca el alemán: *segundos, minutos y horas.*

6. *Detiene en la pequeñez* no es correcto; en todo caso se podría utilizar el verbo como pronominal *se detiene en.*

7. El paralelismo *auf ewig... auf ewig* se ha resuelto en la traducción con la repetición de la expresión *por los siglos de los siglos* de reminiscencias religiosas.

8. El adverbio *aquí* se puede interpretar como un calco del adverbio pronominal alemán *dabei*: *Und dabei berücksichtigt,* pero *dabei* expresa generalmente la simultaneidad de la acción anterior con la indicada por el verbo de la oración en la que se encuentra. En español se utiliza en este sentido un gerundio, una construcción de infinitivo o una frase adverbial (temporal).

9. El orden sintáctico podría variarse para conseguir mayor prestancia estilística: *Que, sencillamente, nadie nos quiere imitar.*

3.4. **Traducción propuesta**

TRADUCCIÓN

El cronógrafo automático Da Vinci de IWC con calendario perpetuo e indicación de las fases lunares.
Tan complicado que nadie nos lo imita.

¿Se reconoce realmente la exclusividad de un reloj también en que se le imita?
Hay personas que se dejan confundir por esta opinión. Y por eso temen que se imite también el Da Vinci.
Nosotros, los relojeros creadores del exclusivo Da Vinci, podemos tranquilizar a sus verdaderos amantes contándoles sólo una vez más que éste mide el tiempo en horas, minutos y segundos. Y que su cronomecanismo capta la fugacidad de 1/8 de segundo. Y que acumula y suma las horas y los minutos transcurridos. Y que indica por siempre la posición de la luna en el cielo. Y que indica por siempre la fecha, el día de la semana, el mes, el año y el siglo. Y que, al hacerlo, tiene en cuenta si el mes tiene 28, 29, 30 o 31 días. Y que también conmuta correctamente en un año bisiesto. Y que, por lo tanto, es uno de los más complicados relojes mecánicos. Que, sencillamente, nadie nos quiere imitar.

CAPÍTULO 4

EJERCICIO DE APLICACIÓN-REVISIÓN (TEXTO II/4)

⇐ **Actividad realizada por el alumno**

4.1. Preparación para la revisión

4.1.1. PRESENTACIÓN DE LA TRADUCCIÓN PUBLICADA

A lo largo de más de siglo y medio Patek Philippe ha sido reconocido como el reloj más distinguido del mundo. Y por una razón muy sencilla. Se ha construido de otra forma. Se ha construido usando técnicas y artes que otros ya habían perdido u olvidado. Se ha creado prestando tanta atención a cada detalle que pocas personas sabrían notarlo. Se ha construido sintiendo una total indiferencia por el paso del tiempo. Si para obtener una absoluta perfección en el movimiento de una pieza de Patek Philippe hacen falta cuatro años de continuo trabajo, se han invertido cuatro años, nunca menos. El resultado es un reloj que no se parece a ningún otro. Un reloj que comunica calidad desde el primer momento. Un reloj distinto que distingue. Generación tras generación ha sido llevado, amado y coleccionado por los más difíciles de complacer. Por los que sólo aceptan lo mejor. Por eso, el día que le entreguen su Patek Philippe sabrá que es uno de ellos. Reflejo de sus propios valores. Un reloj creado para ser valorado.

4.1.2. Fuentes de documentación

⇐ *Vid.* Introducción

4.1.3. Repetición de las características microtextuales y macrotextuales (por el alumno) ⇐

ESTRUCTURA EXTERNA	**ESTRUCTURA INTERNA**
eslogan	tipo de argumentación
cuerpo	recursos léxico-semánticos
cierre o rúbrica	recursos sintácticos

4.2. **Revisión basada en la comprobación de los siguientes puntos:**

➢ Recursos publicitarios:

REPETICIÓN:
AFIRMACIÓN:
ORDEN (SUTIL):

➢ Recursos léxico-semánticos:

— triple enumeración, paralelismos, paradojas,
— elecciones léxicas en general.

➢ Recursos morfosintácticos:

— oraciones definitorias,
— personas verbales,
— oraciones complejas,
— construcciones paralelas.

4.3. Propuesta de traducción (por el alumno) ⇐

TRADUCCIÓN

Desde hace más de 150 años los relojes Patek Philippe son de los mejores del mundo. La razón es muy sencilla. La diferencia está en la manera de trabajarlos. El saber y la técnica, que muchos olvidaron hace tiempo. El amor por el detalle, aunque pocos sepan apreciarlo. Y, por qué no decirlo, el total desprecio por el tiempo. Si una pieza determinada del Patek Pilippe necesita cuatro años para alcanzar una perfección total, invertimos esos cuatro años. El resultado será un reloj que no se asemeja a ningún otro. Un reloj que transmite calidad nada más verlo y tocarlo por primera vez. Un reloj con personalidad: todos aquellos que no se contentan con cualquier cosa, que sólo se conforman con lo mejor lo han llevado, amado y coleccionado generación tras generación. Si un día consigue su Patek Philippe estará en posesión de una obra maestra, reflejo de sus propios valores. Creado para ser conservado.

CAPÍTULO 5

EJERCICIO DE APLICACIÓN-TRADUCCIÓN (TEXTO II/5)

⇐ **Alumno**

5.1. **Preparación para la traducción**

5.1.1. PRESENTACIÓN DEL TEXTO

Über die Kunst des Weglassens

BMW Cabrio. Ein Auto ohne Dach muss genauso sicher sein wie eines mit. Also übten wir uns bei den beiden neuen Cabrios BMW 318 i und BMW 320 i in der Kunst der Weglassens. Unsere Ingenieure haben einen besonders verstärkten Rahmen für die Windschutzscheibe konstruiert, der die Sicherheit der verwindungssteifen Karosserie ergänzt. Alles, was die Freude am Fahren ausmacht, haben wir natürlich nicht weggelassen. Nur beim Preis beschränken sich die neuen Cabrios aus das Nötigste. Die Freude am Fahren war noch nie so günstig zu haben.

5.1.2. Análisis

Referentes:

PRODUCTO:
CONSUMIDOR:
ANUNCIANTE (PRODUCTOR):

Recursos publicitarios básicos:

REPETICIÓN:
AFIRMACIÓN:
ORDEN (SUTIL):

ESTRUCTURA EXTERNA	**ESTRUCTURA INTERNA**
eslogan	tipo de argumentación
cuerpo	recursos léxico-semánticos
cierre o rúbrica	recursos sintácticos

5.2. Transferencia y edición

5.2.1. Comentario de los puntos señalados en la traducción de trabajo

Sobre el arte de prescindir (1).

BMW Cabrio. Un coche sin techo tiene que ser igual de seguro que uno con él (2). Por eso nos ejercitamos en el arte de prescindir (2*b*). Nuestros ingenieros (3) han diseñado (4) para el parabrisas un marco especialmente reforzado, que completa la seguridad de la carrocería indeformable (5). Naturalmente no hemos prescindido de nada que disminuya el placer de conducir (6). Sólo en el precio los nuevos Cabrio se limitan a lo imprescindible (7). El placer de conducir nunca fue tan asequible (8).

1. ¿Cuál es la función de *prescindir* (*weglassen*) en el mensaje [*vid.* (2*b*) y (7)]. ¿Es adecuada la elección léxica, existen otras posibilidades?

2. ¿Se ha recogido el juego del original con las preposiciones *ohne* y *mit*?

3. ¿Qué significado tiene el uso del posesivo en primera persona del plural?

4. ¿Es correcta la equivalencia del adjetivo compuesto *verwindungssteif*?

5. ¿Existen otras posibilidades de traducir *die Freude am Fahren*? [En (6) y (8).]

8. Exponer las diferencias entre *asequible* y *accesible* [ficha de diccionario].

5.2.2. Propuesta de traducción

Sobre el arte de saber prescindir.

BMW Cabrio. Un coche sin techo tiene que ser igual de seguro que uno con él. Por eso nos ejercitamos en el arte de prescindir. Nuestros ingenieros han construido para el parabrisas un marco especialmente reforzado, que completa la seguridad de la carrocería indeformable. Naturalmente no hemos prescindido de nada que disminuya el placer de conducir. Sólo en el precio los nuevos Cabrio se limitan a lo imprescindible. El placer de conducir nunca fue tan asequible.

Capítulo 6

EJERCICIO DE ACTUACIÓN-TRADUCCIÓN Y REVISIÓN (TEXTO II/6)

⇐ **Alumno**

6.1. **Preparación para la traducción**

6.1.1. Presentación del texto

Wenn die Rolex von George Bass 3.300 Jahre in die Zeit zurückreist.

Es liegt 50 Meter tief vor der türkischen Küste: ein Handelsschiff der Bronzezeit, das vor 3.300 Jahren auf Grund ging und seitdem als das älteste der Welt bekannte Wrack gilt. Für Professor George Bass, genannt "Vater der Unterwasser archäologie", ist es das faszinierendste Forschungsprojekt, das er in seiner 30 jährigen Tauchzeit erkundet hat.
Bei Tauchgängen in diesen Tiefen hat für ihn Sicherheit oberste Priorität. So beschränkt er die Tauchzeit für Arbeiten am Wrack auf maximal 20 Minuten und verlässt sich dabei voll und ganz auf seine Rolex Submariner.
Die Robustheit der Submariner fängt schon beim Oyster-Gehäuse an. So ist ein Druck von sage und schreibe 60 Tonnen nötig, um es aus einem massiven Metallblock herauszuarbeiten. Im Gehäuse schlägt das automatische Uhrwerk, das —von der Herstellung des ersten Teilchens bis hin zur Montage durch unsere Uhrmacher in Genf— in fast einjähriger Arbeit gefertigt wurde.
Das Innenleben einer Rolex Submariner wird aber auch durch die Triplock-Aufzugskrone in Tiefen bis zu 300 Metern perfekt geschützt. Sie ist mit dem Oyster-Gehäuse verschraubt und schliesst so sicher wie die Luke eines U-Bootes.

6.1.2. Revisión de la macroestructura y descripción de problemas microtextuales

TEXTO DE ORIGEN	**PROCESO DE TRADUCCIÓN**
A. ANÁLISIS	B. ACTUACIÓN DEL TRADUCTOR
Clase de texto: **Mensaje publicitario**	El texto de destino debe ejercer la misma función
Definición: Texto con un formato determinado que presenta un producto de forma atractiva para el consumidor	El texto de destino debe ejercer la misma función: ¿En qué elementos se sustenta?
Estructura textual (macroestructura):	**Problemas microtextuales:**
1. Eslogan	1b.
2. Cuerpo	2b.
3. Cierre y rúbrica	3b.

6.2. Propuesta de traducción (de trabajo). Un ejemplo:

Cuando el Rolex de George Bass retrocede en el tiempo 3.300 años

Está a 50 metros de profundidad ante la costa turca: una nave mercante de la edad del bronce que se hundió hace 3.300 años y es considerado el pecio más antiguo del mundo. Para el profesor George Bass, llamado "el padre de la arqueología marina", es el objeto de investigación más fascinante en el que ha trabajado en su actividad submarina.
Durante las inmersiones a esa profundidad la seguridad es su máxima prioridad. Por eso limita el tiempo de inmersión para trabajar en la nave hundida a un máximo de 20 minutos y confía para ello plenamente en su Rolex Submariner. [...]

6.3. Traducción publicada

Hay quien demuestra lo que es pasar a la historia viajando 33 siglos en el tiempo (1)

Como George Bass.
Catedrático, conocido como el padre de la arqueología marina. Lleva treinta años dedicándose al rescate (2) de barcos hundidos, sumergiéndose en busca de las huellas de otros hombres y otros momentos de la historia que un día quedaron ocultas (3) en los fondos marinos.
En todos estos años, ningún proyecto le ha resultado tan fascinante como el de investigar una nave comercial (4) de la Edad del Bronce (5), hundida en aguas de Turquía hace 3.300 años (6). En sus restos se puede leer gran parte de la historia hasta ahora desconocida. Como si ahí, a 50 metros de profundidad, se abriera una ventana hacia una región oscura y desconocida de la antigüedad.
A esa profundidad no se puede trabajar más de veinte minutos seguidos. Por eso cronometra las inmersiones con un Rolex Submariner, un reloj perfectamente preparado para sumergirse hasta 300 metros.
La robustez de su caja Oyster (7), esculpida en un bloque macizo de metal, y la corona Triplock (8), que la cierra herméticamente como la escotilla de un submarino, garantizan su absoluta fiabilidad. Después de todo, en su interior late una máquina que ha supuesto un año entero de trabajo, desde la primera operación (9) en la pieza más pequeña, hasta el ensamblado (10) final en Ginebra. [...]

6.4. Revisión y comentario

1. Explicar las diferencias entre el título del texto de origen y el de esta traducción.

2. En el original, ¿se trata de un *rescate*?

3. ¿Qué error representa *ocultas*?

4. Ficha de diccionario de: *barco, buque, nave, navío, mercante, mercantil.*

5. Explíquese la norma de uso de minúsculas y mayúsculas en la designación de las edades.

6. ¿Es correcta la utilización del punto en la cifra 3.300?

7 y 8. ¿Son admisibles en este texto los anglicismos Oyster y Triplock? [Consúltense textos paralelos y traducciones publicadas.]

9 y 10. *Operación* y *ensamblado* pertenecen al campo terminológico. ¿Existen otras variantes?

CAPÍTULO 7

REFERENCIAS BIBLIOGRÁFICAS

BRANDT, W., «Die Sprache der Wirtschaftswerbung», en *Germanistische Linguistik* 1-2, 1973.

CÓMITRE NARVÁEZ, I., *Traducción y publicidad. Aproximación a una estrategia traslativa (francés-español)*. Tesis doctoral. Universidad de Málaga, 2000.

ELENA, P., *Aspectos teóricos y prácticos de la traducción. Alemán-español*, 2.ª ed. Ediciones Universidad de Salamanca, 1994.

ELENA, P., *Curso práctico de traducción general. Alemán-español*. Ediciones Universidad de Salamanca, 1994.

FURONES, M. A., *El mundo de la publicidad*. Barcelona: Salvat, 1984.

HERNANDO CUADRADO, L. A., *El lenguaje de la publicidad*. Madrid: Coloquio, 1984.

PÉREZ TORNERO, J. M., *La semiótica de la publicidad*. Barcelona: Mitre, 1982.

REY, J., *La significación publicitaria*. Sevilla: Alfar, 1992.

RÖMER, R., *Die Sprache der Anzeigenwerbung*. Düsseldorf: Schwann Verlag, 1968.

SABORIT, J., *La imagen publicitaria en televisión*. Madrid: Cátedra, 1992.

SMITH, V., «Primär appellative Text. Werbetexte», en Snell-Hornby, M., H. König, P. Kussmaul y P. A. Schmitt (eds.), *Handbuch Translation*. Tübingen: Stauffenburg, 1998, 238-242.

VÁZQUEZ I. y S. ALDEA, *Estrategia y manipulación del lenguaje. Análisis pragmático del discurso publipropagandístico*. Publicaciones Universidad de Zaragoza, 1991.

ANEXOS

Texto II/1

Seit über 150 Jahren gehören Uhren von Patek Philippe zu den besten der Welt. Der Grund ist sehr einfach. Wie sie gearbeitet werden, macht den Unterschied. Das Wissen und Können, das andere längst vergessen haben. Der Sinn für das Detail, selbst wenn nur wenige es noch beachten. Und, das sei zugegeben, die völlige Missachtung der Zeit. Braucht ein bestimmtes Patek Philippe Werk vier Jahre Arbeit zur vollendeten Perfektion, dann nehmen wir uns eben vier Jahre. Das Ergebnis wird eine Uhr sein, die keiner anderen gleicht. Eine Uhr, die ihre Qualität bereits auf den ersten Blick und bei der ersten Berührung vermittelt. Eine Uhr mit Charakter: von Generation zu Generation getragen, geliebt und gesammelt von all jenen, die nicht leicht zufriedenzustellen sind, denen nur das Beste gut genug ist. Erhalten Sie eines Tages Ihre Patek Philippe, haben Sie ein Meisterstück erworben, das dezent Ihre eigenen Werte reflektiert. Geschaffen, um sie zu bewahren.

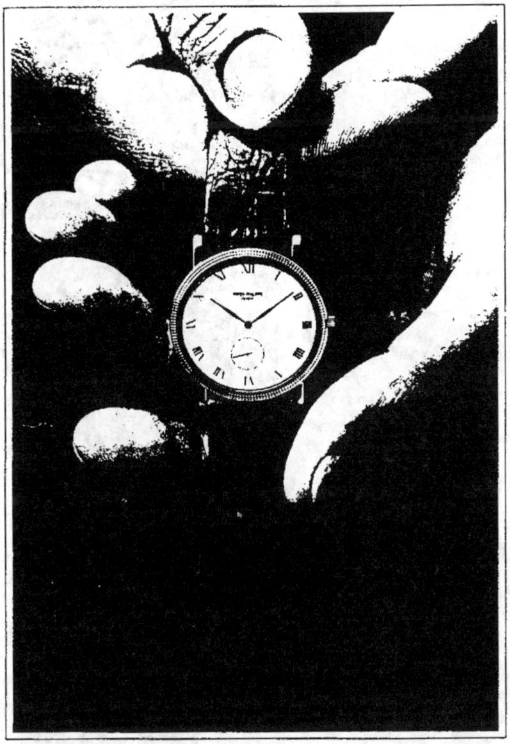

Texto II/2

Mehr Ruhe braucht das Land

Ökologie ist das Thema unseres ausgehenden Jahrhunderts. Bei der Konzeption des Xedos 6 haben sich seine Ingenieure bemüht, die damit verbundenen Anforderungen zu berücksichtigen. So hat er besonders niedrige Verbrauchswerte und recyclingfähige Kunststoffteile. Und wünschen Sie eine Klimaanlage, so ist diese FCKW-frei. Der Xedos 6 berücksichtigt aber noch einen weiteren Aspekt: Ruhe – für die Insassen und die Umwelt.

So wurde ein neuer Sechszylinder geschaffen – mit einem der leisesten Triebwerke auf dem Markt – der Ihnen die Konzentration beim Fahren erleichtert und Ihrer Umwelt die verdiente Ruhe ermöglicht. Der Xedos 6 ist eben eine Limousine der besonderen Art.

XEDOS 6

mazda

Texto II/3

Der automatische Chronograph Da Vinci
von IWC mit Ewigem Kalender und Mondphasenanzeige.
So kompliziert macht uns das keiner nach.

DM 25'500.-/18 Kt. Gold, mit Lederband (unverbindliche Preisempfehlung)

Ist die Exklusivität einer Armbanduhr wirklich auch daran erkennbar, dass sie kopiert wird?
Es gibt noch Leute, die sich von dieser Meinung täuschen lassen. Und deshalb befürchten, dass natürlich auch die Da Vinci nachgemacht wird.
Wir, die Ur-Macher der einmaligen Da Vinci, können zur Beruhigung ihrer echten Liebhaberinnen und Liebhaber nur noch einmal darauf hinweisen, dass sie die Zeit in Sekunden, Minuten und Stunden misst.
Und ihr Chronomechanismus die Winzigkeit einer $^1/_8$ Sekunde stoppt. Und die abgelaufenen Minuten und Stunden kumuliert und addiert. Und auf ewig angibt, wie der Mond am Himmel steht. Und auf ewig Datum, Wochentag, Monat, Jahr und Jahrhundert angibt. Und dabei berücksichtigt, ob der Monat 28, 29, 30 oder 31 Tage hat. Und auch bei einem Schaltjahr richtig schaltet.
Und damit eine der kompliziertesten mechanischen Armbanduhren ist. Die uns einfach keiner nachmachen will.

125 YEARS

IWC

International Watch Co Ltd. Schaffhausen. Switzerland
Since 1868

Wenn Sie ganz genau über die Chronographen Da Vinci und andere Meisterwerke von IWC informiert sein wollen, fordern Sie den IWC-Sammelband an.
Ebenfalls «Watch International», die Uhrenzeitung von IWC, auch am Kiosk erhältlich.
Deutschland: IWC Frankfurt, Tel. (069) 783085 oder 783086,
Österreich: MSG/IWC Wien, Tel. (0222) 3187120,
Schweiz: IWC Schaffhausen, Tel. (053) 285555.

Texto II/3b (Traducción publicada)

El cronógrafo autor
de IWC con calend
indicación perpetua
la luna.
Tan complicado qu
nos lo copie.

¿Es cierto que la exclusividad de un reloj de pulsera se percibe en que se le copia?
Hay todavía personas que se dejan engañar por esta opinión. Y, por esa razón, temen que se copie también el Da Vinci.
Nosotros, los relojeros del Da Vinci único en su género, podemos tranquilizar una vez más a sus verdaderos amantes indicando que éste mide el tiempo en segundos, minutos y horas. Y que su mecanismo cronométrico detiene en la pequeñez de $^1/_8$ de segundo. Y que acumula y suma los minutos y horas transcurridos. Y que indica por los siglos de los siglos la posición que la luna toma en el cielo. Y que indica por los siglos de los siglos la fecha, el día de la semana, el mes, el año y el siglo. Y que tiene aquí en cuenta si el mes tiene 28, 29, 30 o 31 días. Y que conmuta correctamente también en un año bisiesto.
Y que, por lo tanto, es uno de los más complicados relojes mecánicos de pulsera. Que, sencillamente, no nos quiere copiar nadie.

Texto II/4

A lo largo de más de siglo y medio Patek Philippe ha sido reconocido como el reloj más distinguido del mundo. Y por una razón muy sencilla. Se ha construido de otra forma. Se ha creado usando técnicas y artes que otros ya habían perdido u olvidado. Se ha creado prestando tanta atención a cada detalle que pocas personas sabrían notarlo. Se ha construido sintiendo una total indiferencia por el paso del tiempo. Si para obtener una absoluta perfección en el movimiento de una pieza de Patek Philippe hacen falta cuatro años de continuo trabajo, se han invertido cuatro años, nunca menos. El resultado es un reloj que no se parece a ningún otro. Un reloj que comunica calidad desde el primer momento. Un reloj distinto que distingue. Generación tras generación ha sido llevado, amado y coleccionado por los más difíciles de complacer. Por los que sólo aceptan lo mejor. Por eso, el dia que le entreguen su Patek Philippe, sabrá que es uno de ellos. Porque su reloj será una obra maestra reflejo de sus propios valores. Un reloj creado para ser valorado.

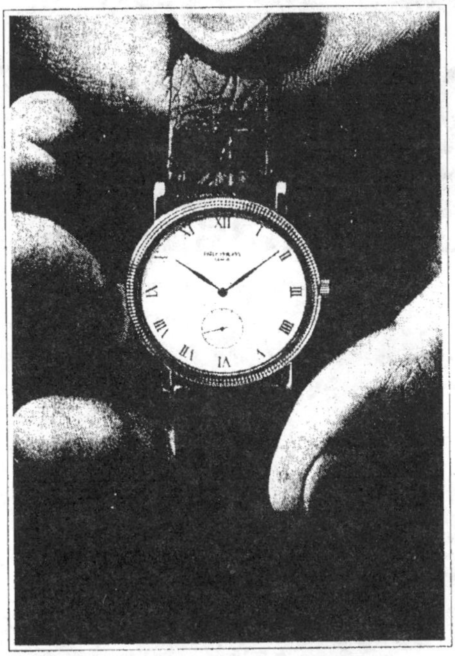

PATEK PHILIPPE
GENEVE

Para más información dirigirse a: RELOJERÍA DE LUJO S.A. RELUSA
Avda. Diagonal 463 bis, 7ª planta – 08036 Barcelona.

Texto II/5

ÜBER DIE KUNST DES WEGLASSENS.

BMW Cabrio Ein Auto ohne Dach muß genauso sicher sein wie eines mit. Also übten wir uns bei den beiden neuen Cabrios BMW 318 i und BMW 320 i in der Kunst des Weglassens. Unsere Ingenieure haben einen besonders verstärkten Rahmen für die Windschutzscheibe konstruiert, der die Sicherheit der verwindungssteifen Karosserie ergänzt. Alles, was die Freude am Fahren ausmacht, haben wir natürlich nicht weggelassen. Nur beim Preis beschränken sich die neuen Cabrios auf das Nötigste. Die Freude am Fahren war noch nie so günstig zu haben.

Unverbindlich empfohlene Listenpreise inkl. NoVA und MwSt.: 318 i Cabrio 442.000,-, 320 i Cabrio 512.000,-. Serienausstattung in allen Modellen: Fahrerairbag, ABS, Servolenkung, elektr. Fensterheber vorne u. hinten, Leuchtweitenregulierung, Nebelscheinwerfer, Zentralverriegelung mit Wegfahrsicherung, Lederlenkrad.

FREUDE AM FAHREN.

Texto II/6

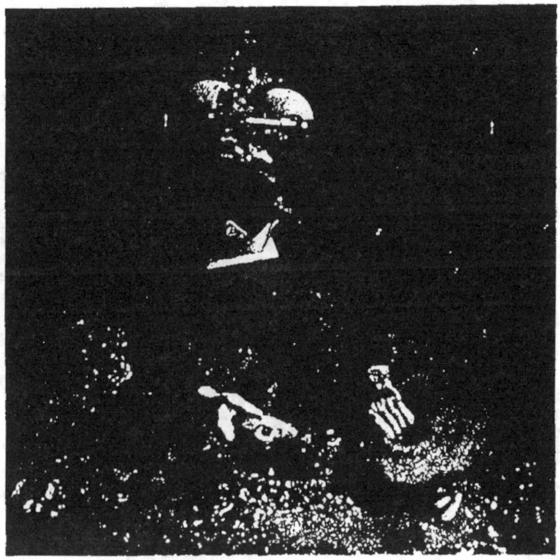

Es liegt 50 Meter tief vor der türkischen Küste: ein Handelsschiff der Bronzezeit, das vor 3.300 Jahren auf Grund ging und seitdem als das älteste der Welt bekannte Wrack gilt. Für Professor George Bass, genannt „Vater der Unterwasserarchäologie", ist es das faszinierendste Forschungsobjekt, das er in seiner 30jährigen aktiven Tauchzeit erkundet hat.

Bei Tauchgängen in diesen Tiefen hat für ihn Sicherheit oberste Priorität. So beschränkt er die Tauchzeit für Arbeiten am Wrack auf maximal 20 Minuten und verläßt sich dabei voll und ganz auf seine Rolex Submariner.

Wenn die Rolex von George Bass 3.300 Jahre in die Zeit zurückreist.

Die Robustheit der Submariner fängt schon beim Oyster-Gehäuse an. So ist ein Druck von sage und schreibe 60 Tonnen nötig, um es aus einem massiven Metallblock herauszuarbeiten. Im Gehäuse schlägt das automatische Uhrwerk, das – von der Herstellung des ersten Teilchens bis hin zur Montage durch unsere Uhrmacher in Genf – in fast einjähriger Arbeit gefertigt wurde.

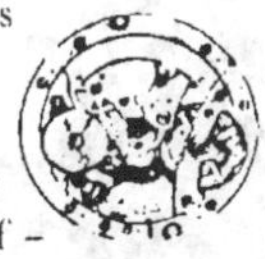

Das Innenleben einer Rolex Submariner wird aber auch durch die Triplock-Aufzugskrone in Tiefen bis zu 300 Metern perfekt geschützt. Sie ist mit dem Oyster-Gehäuse verschraubt und schließt so sicher wie die Luke eines U-Bootes.

Jede Rolex Submariner wird zu guter Letzt 15 Tage und Nächte lang vom Schweizer Institut „Contrôle Officiel Suisse des Chronomètres" schonungslos getestet.

Ein einzigartiger Vorgang, der erklärt, weshalb sich eine Rolex Submariner in der sengenden Hitze der Sahara genauso zu Hause fühlt wie bei George Bass in den kalten Tiefen der Weltmeere.

ROLEX
of Geneva

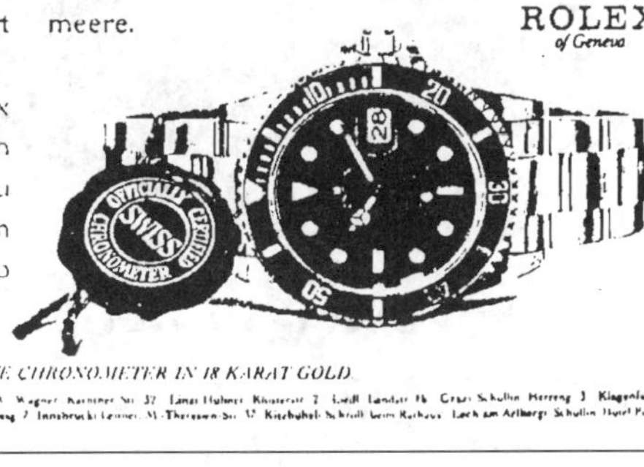

DER ROLEX SUBMARINER-DATE CHRONOMETER IN 18 KARAT GOLD.

Rolex Fachhändler: Wien: Haban, Kärntner Str. 2. Hübner, Am Graben 28. Schullin, Kohlmarkt 7 und 18. Wagner, Kärntner Str. 32. Linz: Hübner, Klosterstr. 7. Liedl, Landstr. 16. Graz: Schullin, Herreng. 3. Klagenfurt: Schullin, Kramerg. 11. Pörtschach: Schullin, Hauptstr. 187. Velden: Schullin, Am Korso 21. Salzburg: Siegl, Getreideg. 7. Innsbruck: Leitner, M.-Theresien-Str. 37. Kitzbühel: Schroll beim Rathaus. Lech am Arlberg: Schullin, Hotel Po...

Texto II/6b (Traducción publicada 1)

Hay quien demuestra lo que es pasar a la historia viajando 33 siglos en el tiempo.

Como George Bass. Catedrático, conocido como el padre de la arqueología marina.

Lleva treinta años dedicándose al rescate de barcos hundidos, sumergiéndose en busca de las huellas de otros hombres y otros momentos de la historia que un día quedaron ocultas en los fondos marinos.

En todos estos años, ningún proyecto le ha resultado tan fascinante como el de investigar una nave comercial de la Edad de Bronce, hundida en aguas de Turquía hace 3.300 años. En sus restos se puede leer gran parte de una historia hasta ahora desconocida. Como si ahí, a 50 metros de profundidad, se abriera una ventana hacia una región oscura y desconocida de la antigüedad.

A esa profundidad no se puede trabajar más de veinte minutos seguidos. Por eso cronometra las inmersiones con un Rolex Submariner, un reloj perfectamente preparado para sumergirse hasta 300 metros.

La robustez de su caja Oyster, esculpida en un bloque macizo de metal, y la corona Triplock, que la cierra tan herméticamente como la escotilla de un submarino, garantizan su absoluta fiabilidad.

Después de todo, en su interior late una máquina que ha supuesto un año entero de trabajo, desde la primera operación en la pieza más pequeña, hasta el ensamblado final en Ginebra.

Además, todos los Submariner Date son sometidos a quince días y quince noches de rigurosas pruebas, llevadas a cabo por el Control Oficial Suizo de Cronómetros.

Son, sin duda, las características de un reloj extraordinario. Una particular máquina del tiempo, creada para quienes, como usted, tienen un concepto muy especial de lo que es pasar a la historia. Su historia.

Acérquese a un Distribuidor Oficial Rolex. Encontrará a alguien especialmente indicado para iniciarle en los secretos de la intemporalidad.

ROLEX
of Geneva

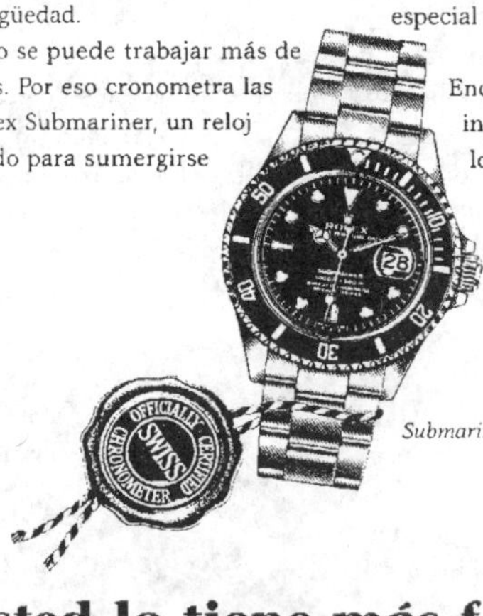

Submariner Date

Usted lo tiene más fácil. Aquí:

Texto II/6b (Traducción publicada 2)

Al catedrático George Bass se le conoce como el padre de la arqueología marina.

En los treinta años que ha dedicado a la búsqueda de barcos hundidos, ninguno ha resultado tan fascinante para él como una nave comercial de la Edad de Bronce que se hundió en aguas de Turquía hace 3.300 años.

Es el pecio más antiguo del mundo, y se encuentra a unos 50 metros de profundidad, bajo las aguas del Mediterráneo.

A esa profundidad, ni él ni sus submarinistas pueden trabajar más de veinte minutos seguidos en el barco hundido. Por eso, cronometra las inmersiones con un Rolex Submariner.

El Rolex de George Bass realiza un viaje de 33 siglos en el tiempo.

Profundidades como ésta difícilmente afectarían a un reloj que está perfectamente preparado para sumergirse hasta 300 metros.

La caja del Oyster, inmensamente fuerte, se esculpe en un bloque macizo de metal, utilizando presiones de hasta sesenta toneladas.

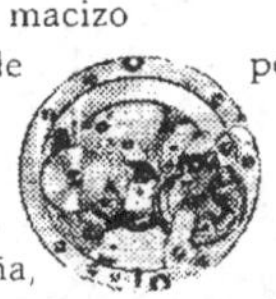

Dentro de la caja late una máquina que ha supuesto un año de trabajo, desde la primera operación, en la pieza más pequeña, hasta el ensamblado final, realizado por nuestros artesanos en Ginebra.

La máquina está protegida, además, por la corona Triplock. Este ingenioso dispositivo se atornilla a la caja Oyster, cerrándola tan herméticamente como la escotilla de un submarino.

Por último, todos los Submariner Date son sometidos a quince días y quince noches de rigurosas pruebas, llevadas a cabo por un instituto suizo independiente, el Control Oficial Suizo de Cronómetros.

Es un proceso extraordinario. Pero explica por qué los relojes Rolex han acompañado a sus dueños por las llanuras heladas del Artico, las ardientes arenas del Sahara y las selvas tropicales de Sudamérica.

Y en el caso de George Bass, en un viaje de 3.300 años en el tiempo.

ROLEX
of Geneva

Cronómetro Rolex Submariner Date en oro de 18 quilates. También existe en acero y oro de 18 quilates o todo en acero.
Solicite información a: Relojes Rolex de España, S.A. Serrano, 45 - 5.ª planta. 28001 Madrid.

Parte III

TEXTO LITERARIO

FUNCIÓN PRIMARIA: EXPRESIVA

CAPÍTULO 1

INTRODUCCIÓN A LA TRADUCCIÓN DEL TEXTO LITERARIO: LA CRÍTICA PEDAGÓGICA

1.1. La crítica como método de acercamiento a los problemas del texto literario

En el campo de la teoría de la traducción abundan modelos de crítica que describen básicamente el procedimiento para llevar ésta a cabo. Un modelo representativo podría ser el propuesto por W. Koller (1982, 196 y ss.) según el cual se comienza con el análisis del texto de partida, se sigue con la comparación de la traducción con éste para terminar con la valoración del texto de llegada o traducción.

1.° **ANÁLISIS DEL TEXTO DE PARTIDA:** función lingüística, características de contenido, lingüístico-estilísticas, estético-formales y pragmáticas
2.° **COMPARACIÓN DE LA TRADUCCIÓN CON LOS RESULTADOS DEL ANÁLISIS:** — parte teórica: estudio de las equivalencias y su jerarquización — parte práctica: comparación propiamente dicha
3.° **VALORACIÓN DE LA TRADUCCIÓN**

Al contrario que Koller, K. Reiss (1971) recomienda comenzar el trabajo crítico con el análisis de la traducción centrado en buscar en ésta aquellos aspectos que por exceso o por defecto distorsionan el texto en la lengua de llegada.

1.° **ANÁLISIS DE LA TRADUCCIÓN**
2.° **ANÁLISIS DEL TEXTO DE PARTIDA**
3.° **VALORACIÓN DE LA TRADUCCIÓN, EN RELACIÓN A:** — LA FUNCIÓN SEGÚN EL TIPO TEXTUAL — LAS INSTRUCCIONES INTRALINGÜÍSTICAS — LOS DETERMINANTES EXTRALINGÜÍSTICOS

De modo parecido argumenta Amman (1990, 212), cuyo modelo, basado en un "esbozo de modelo para una crítica aplicada" diseñado por Vermeer, fija las condiciones del trabajo crítico en cinco puntos básicos, muy ligados a la corriente funcionalista de la traducción: en primer lugar se determinan la función de la traducción y su coherencia intratextual para pasar posteriormente a definir la función del texto de partida así como su coherencia intratextual, todo lo cual llevaría a establecer unos parámetros conducentes a probar la coherencia intertextual entre la traducción y el texto de partida.

Gerzymisch-Arbogast (1994, 148) propone también en primer lugar una lectura de la traducción con el fin de observar la impresión que deja en el lector, en esta fase se trata sobre todo de subrayar aquellas partes del texto que destacan como especialmente buenas o las que parecen poco conseguidas —esto se convertiría en una lista de aciertos-desaciertos que constituyen los aspectos o puntos que se deben cotejar en la lectura de la obra de partida, lo cual constituye la segunda fase de este método—. La mayor novedad de esta propuesta radica en establecer las fronteras del campo de operaciones de la crítica; es decir, la crítica se centrará únicamente en determinadas partes textuales, claramente descritas, y dentro de estas partes en determinados aspectos, aunque éstos, en el caso de esta propuesta, se establecen únicamente tomando en consideración lo más llamativo de la lectura de la traducción.

El análisis del texto base es el punto de partida para Hansen (1996, 156), que al igual que Koller propone de este modo seguir el mismo itinerario del traductor cuando traduce, porque sólo a través de este análisis se perciben las características tanto externas como internas del texto que se ha de traducir o cuya traducción se ha de criticar, la etapa siguiente la constituye la reflexión acerca del encargo y de la estrategia de traducción (ésta consiste fundamentalmente en fijar el tipo de traducción que se va a efectuar: informativo-documental o participativo-comunicativa), en último lugar se realiza por parte de los alumnos una traducción propia, que tiene la finalidad de facilitarles el trabajo de crítica o de revisión de la traducción ajena.

1.2. Presentación de un modelo de crítica, de análisis de texto y aplicaciones

El modelo que se presenta a continuación sigue la línea pedagógica (cf. Elena: 1998) apuntada anteriormente, por lo que constituye un método cuya finalidad no es tanto evaluar una traducción o la labor del traductor sino aprender a resolver problemas para conseguir mejores traducciones propias. Según esta propuesta se inicia el trabajo analizando el texto base, si bien se delimita el campo operativo a tres problemas de traducción que pueden ser de tipo léxico-semántico, morfosintáctico o textual.

1.º **ANÁLISIS DEL TEXTO BASE**
2.º **CLASIFICACIÓN DE PROBLEMAS (NO MÁS DE TRES POR TEXTO)**
3.º **ANÁLISIS DE LA TRADUCCIÓN EXISTENTE. EN PARTICULAR: ¿CÓMO HA RESUELTO EL TRADUCTOR LOS PROBLEMAS SEÑALADOS?**
4.º **VALORACIÓN DE LA TRADUCCIÓN**
5.º **PROPUESTA DE UNA TRADUCCIÓN PROPIA**

La clasificación de los problemas, su estudio documentado, y la aportación de posibles soluciones constituyen la base a partir de la cual, tras haber analizado la traducción, se valoran las soluciones aportadas por el traductor a cada uno de los tres aspectos o problemas clasificados previamente; la última fase de este modelo consiste en entregar una traducción propia en la que deberán quedar reflejadas las conclusiones o soluciones a las que se ha llegado a lo largo del proceso crítico.

> Ein Schild das Aussicht über die Insel verspricht: OVERLOOK. Es ist sein Vorschlag gewesen, hier zu stoppen. Ein Parkplatz für mindestens hundert Wagen, zur Zeit leer; ihr/ihr Wagen steht als einziger in dem Raster, das auf den Asphalt gemalt ist. Es ist Vormittag. Sonnig. Büsche und Gestrüpp um den leeren Parkplatz; keine Aussicht also, aber es gibt einen Pfad, der durch das Gestrüpp führt, und sie haben nicht lang beraten: der Pfad wird sie zur grossen Aussicht führen. Dann ist sie nochmals zum Wagen zurückgegangen. Er wartet; sie haben Zeit. Ein ganzes Wochenende. Er steht und weiss nicht, was er gerade denkt... In Berlin ist es jetzt drei Uhr nachmittags... Er wartet sonst ungern. Es ist ihr eingefallen, dass sie, um den Atlantik zu sehen, eigentlich ihre Handtasche nicht braucht. Es kommt ihm alles etwas unwahrscheinlich vor, aber nach einer Weile sieht er es als einfache Wirklichkeit: Rascheln in den Büschen, dann ihre Hosen (das verwaschene Hellblau natürlich) und ihre Füsse auf dem Pfad, hinter viel Zweigen und Ästen ihr ziemlich rotes Haar. Ihr Gang zum Wagen hat sich gelohnt: YOUR PIPE.

Se trata de la primera página de *Montauk,* obra del escritor suizo Max Frisch. La etapa del análisis comienza con la lectura del texto que desencadena, por lo general, una labor de documentación mediante la cual se consultan los datos que son imprescindibles para llevar a cabo un análisis en profundidad del fragmento. Un esquema de análisis global, al inicio de la formación, podría ser como sigue:

1.º AUTOR / OBRA: TIEMPO, LUGAR, TEMA, IDEA CENTRAL, TEMAS SECUNDARIOS

2.º DESARROLLO TEXTUAL, PARTES DIFERENCIADAS. SECUENCIAS: NARRACIÓN, DESCRIPCIÓN, DIÁLOGO

3.º RECURSOS LINGÜÍSTICOS:

— morfosintácticos: clases de oraciones (longitud, coordinación / yuxtaposición, parataxis / hipotaxis), orden de las palabras, elipsis, conectores,
— léxicos: lexias (simples, complejas, compuestas), sinónimos / antónimos, extranjerismos, localismos,
— figuras estilísticas.

1.° Sobre el autor: Frisch, Max, escritor suizo en lengua alemana (Zurich, 1911). En los dos volúmenes de su diario (1949 y 1972) desarrolló los principios de una escritura que, caracterizada por la elipsis y la interrogación, da al esbozo dignidad de género literario. Concebidas como una reflexión de las relaciones humanas, sus novelas (*No soy Stiller,* 1954; *Homo faber,* 1957; *Digamos que me llamo Gantenbein*, 1964) denuncian el efecto paralizante de los prejuicios en el hombre en busca de su identidad... En 1979 publicó la novela *El hombre aparece en el holoceno* y la obra teatral *Triptychon*, que tratan del envejecimiento y la muerte y se distinguen por un lenguaje entrecortado y preciso. En 1982 publicó la novela *Barba Azul.* Max Frisch es considerado el principal autor suizo de la posguerra. (Ninguna mención directa a *Montauk*.) En la enciclopedia alemana *Brockhaus* aparece una pequeña referencia que dice:«Die Spätwerke wie die Erzählungen *Montauk* (1975) und *Der Mensch erscheint im Holozän* (1979)... zeigen Alters- und Todesbewusstsein.» [Las obras tardías como las narraciones *Montauk* (1975) y *El hombre aparece en el holoceno* (1979) muestran la consciencia de la vejez y la muerte].

Sobre la obra, los datos que interesan son: *Montauk* es un libro escrito en el verano de 1974 tras un viaje a América y fue publicado en 1975. Frisch lo escribió, por tanto, después de sus novelas más famosas, así que estamos ante una creación de madurez en la cual el autor exhibe toda la gama de sus recursos narrativos.

El fundamento temático de la obra lo constituyen datos autobiográficos, el mismo autor así lo manifiesta apoyándose en una cita de Montaigne: *So bin ich selber..., der einzige Inhalt meines Buches*. Y una parte importante de la descripción que emprende sobre o contra sí mismo la constituye las relaciones con sus mujeres, profundas a veces, a veces tempestuosas, otras veces superficiales. Está presente en el relato Marianne, su segunda esposa; Frisch vuelve a recordar aquí a Ingeborg Bachmann y sus tempestuosas relaciones cuando vivían en Roma; y también describe la experiencia con Lynn, la mujer que representa el presente y el comienzo del libro. Frente a cada relación amorosa, Frisch se sitúa en una perspectiva narrativa diferente. Necesita hacerlo para expresarse adecuadamente, como si cada sentimiento requiriera por parte del autor un tratamiento lingüístico distinto. (La posición del narrador es tan importante para Frisch que llegó a retirar una obra, titulada *Klima*, a punto de ser publicada por Suhrkamp [1974] por no haber sabido, tras haberlo intentado cuatro veces, encontrar la posición correcta del narrador frente a lo narrado.) En *Montauk* aparecen todas las perspectivas narrativas posibles, unas veces en estado puro, y otras veces mezcladas: aparece la forma del *yo*, del *tú*, del *yo-tú*, de la tercera y primera persona alternándose, y también se emplea el enfoque narrativo más simple, la tercera persona como único punto de vista.

Este último es el elegido para comenzar el libro, para describir su 'Presente con Lynn': un fin de semana con una mujer, de nacionalidad norteamericana, mucho más joven que el autor y coprotagonista de la historia que ambos viven juntos. La elección de la tercera persona como posición narrativa en estos pasajes muestra la voluntad del autor de acercarnos a los hechos desde fuera, porque él mismo está fuera como adoptando ante lo narrado la postura de un observador cualquiera. De esta manera, su relación con Lynn está limitada a rasgos externos, no es de naturaleza profunda; aunque sea íntima, permanece superficial. El mismo Frisch dice que no llegarán a conocerse nunca: «... *dieses Beisammen tagsüber: nicht langweilig, nur sehe ich dann beide von aussen: sie werden einander nicht kennenlernen*». Como pretende Frisch (*nur sehe ich dann beide von aussen*) a través de la perspectiva de la tercera persona, ambos, no sólo Lynn, se convierten en objetos de descripción externos, ajenos en cierta manera al autor, distantes de él; al mismo tiempo que el empleo de *ella* y *él*, las formas de tercera persona femenina y masculina, delimita y separa sus mundos respectivos.

2.º En la segunda fase del análisis se tratan los demás niveles textuales, léxico y gramatical; se procede, sin embargo, de forma restringida (*análisis pertinente para la traducción*) delimitando los problemas que se van a tratar y posteriormente a comparar con la traducción (*crítica pedagógica de la traducción*). El número de problemas se suele limitar a tres por texto analizado (un número mayor sería excesivo para el alumno) y pueden ser de diferentes clases, en este caso vamos a tratar dos dificultades de tipo gramatical y una de tipo léxico-traslativo.

1.3. **Extracción y estudio de los problemas**

⇨ El problema n.º 1 para la traducción de este texto lo constituyen los <u>pronombres personales y adjetivos posesivos</u> que aparecen en el original.

> Ein Schild das Aussicht über die Insel verspricht: OVERLOOK. Es ist sein Vorschlag gewesen, hier zu stoppen. Ein Parkplatz für mindestens hundert Wagen, zur Zeit leer; ihr Wagen steht als einziger in dem Raster, das auf den Asphalt gemalt ist. Es ist Vormittag. Sonnig.
> Büsche und Gestrüpp um den leeren Parkplatz; keine Aussicht also, aber es gibt einen Pfad, der durch das Gestrüpp führt, und sie haben nicht lang beraten: der Pfad wird sie zur grossen Aussicht führen. Dann ist sie nochmals zum Wagen zurückgegangen. Er wartet; sie haben Zeit. Ein ganzes Wochenende. Er steht und weiss nicht, was er gerade denkt... In Berlin ist es jetzt drei Uhr nachmittags... Er wartet sonst ungern. Es ist ihr eingefallen, dass sie, um den Atlantik zu sehen, eigentlich ihre Handtasche nicht braucht. Es kommt ihm alles etwas unwahrscheinlich vor, aber nach einer Weile sieht er es als einfache Wirklichkeit: Rascheln in den Büschen, dann ihre Hosen (das verwaschene Hellblau natürlich) und ihre Füsse auf dem Pfad, hinter viel Zweigen und Ästen ihr ziemlich rotes Haar. Ihr Gang zum Wagen hat sich gelohnt: YOUR PIPE.

En relación a este tema, al planificar una traducción debe tenerse en cuenta como norma básica que:

- Los posesivos en los casos de las terceras personas del singular en alemán marcan la diferencia en cuanto al poseedor, el *su* de él se diferencia claramente del *su* de ella; no ocurre lo mismo en español, donde sólo se dispone de una forma para todas las terceras personas.
- En cuanto a los pronombres personales, su aparición en alemán junto a las formas verbales es obligatoria (a no ser que exista otro tipo de sujeto) para la diferenciación de las personas verbales; en español, puesto que su uso no es obligatorio para ejercer esta función, su presencia puede significar otras funciones.

Por regla general, en la traducción debe explicitarse el pronombre personal en los siguientes casos:

Cuando su omisión dé lugar a ambigüedades no pretendidas, como es el caso de las terceras personas (*él/ella trabaja*), o en las primeras y terceras del pretérito imperfecto (*yo/él estudiaba*).
Cuando se quiere resaltar una confrontación entre las acciones de dos personas, p. ej.: ***yo me quedo, tú haz lo que quieras.***
Cuando se pretende un especial énfasis en la actuación de una persona determinada, a veces reforzado por mismo/a: ***no vengas, yo misma se lo diré.***

La elección de la estrategia adecuada al traducir este texto, tanto en el caso de los pronombres personales como en el de los posesivos, adquiere una gran importancia, ya que, como se ha visto anteriormente, la intención del autor al narrar desde la perspectiva de la tercera persona ha sido no sólo la de describir una relación amorosa autobiográfica situándose fuera de ella, sino la de delimitar o separar los mundos, los campos de actuación de los dos protagonistas de la historia. Se podría decir que la confrontación entre los dos personajes adquiere en este fragmento un gran relieve, por tanto, en la traducción al español, la explicitación de los pronombres personales no sería una redundancia innecesaria, sino la técnica adecuada para transmitir el fondo de la cuestión.

⇨ El problema n.º 2 del fragmento de *Montauk* lo constituyen los tiempos verbales. El tiempo que domina en el texto es el presente, no en vano se trata de la descripción de tal tiempo cronológico. De las 22 formas personales que aparecen (hay también varias oraciones unimembres), 15 son presentes, presentes simples sin alargamientos perifrásticos ya que en alemán no existen (y además tenemos también 5 perfectos, 1 futuro, 1 pasiva de estado).

Como había apuntado K. Reiss, se puede casi predecir que una traducción no es adecuada cuando faltan en ella construcciones que son propias de la lengua en la que está escrita esa traducción, pero que no existen en la lengua de la que se traduce. Éste sería el caso, p. ej., de la escasa aparición de perífrasis verbales en las traducciones españolas de obras alemanas.

⇨ El problema n.º 3 que vamos a tratar son los extranjerismos: es norma general que cuando se traduce se deben evitar los extranjerismos, porque, entre otras cosas, a menudo representan una excesiva comodidad mental por parte del que traduce. En alemán se pueden ver con frecuencia en los periódicos, en el lenguaje de la publicidad, etc. Pero en español la norma es evitarlos siempre que sea posible, los traductores no deben olvidar que las traducciones pueden convertirse en un vía de entrada de estas palabras que no pertenecen al idioma propio.

En el fragmento de *Montauk* encontramos dos ocasiones en las que las palabras foráneas aparecen y escritas en versalitas, de forma que destacan sobre el resto del texto: *OVERLOOK, YOUR PIPE*. Si el debate en este punto se debe centrar en si se mantienen estas expresiones o se convierten en las propias de la lengua a la que se traduce, la primera cuestión que hay que plantear es si en el contexto en el que están tienen algún significado especial escritas en otra lengua diferente a la del resto del texto:

OVERLOOK es la inscripción de un letrero que indica también, además de lo que dice, dónde, en qué país (o por lo menos en cuál no) se encuentran los protagonistas de la escena.

YOUR PIPE son las palabras de Lynn al volver del coche con la pipa; de tal manera que por medio de estas palabras sabemos los lectores que ella habla en inglés, y que por tanto las lenguas en las que se expresan normalmente cada uno de ellos (Frisch y Lynn), sus mundos culturales respectivos, son distintos y ésta es una realidad importante en el terreno de la comunicación y de la relación interpersonal en cualquiera de sus formas.

Con este último punto hemos cumplido la fase de clasificación de problemas encontrados en el texto base con la intención de comparar nuestro análisis, nuestras reflexiones con las soluciones aportadas por la traducción.

1.4. **Presentación y lectura de la traducción**

Antes de comenzar el análisis de los puntos de interés, lo primero que se debe hacer, al igual que con el texto de origen, es leer el fragmento completo de la traducción (1978).

Un letrero ofrece una visión panorámica de la isla: OVERLOOK. Ella (1) propone que nos detengamos aquí. Hay un aparcamiento, con capacidad para un centenar de coches, actualmente desierto. El suyo es el único ocupante de la cuadrícula pintada sobre el suelo de asfalto. Es casi el mediodía. Hace sol. Matas y arbustos circundan el vacío «parking». No se observa panorámica alguna, aunque sí se adivina una especie de sendero que se adentra por entre la maleza. No lo piensan dos veces; aquel caminito los llevará al prometido mirador. Ella ha de volver al coche. Él la espera (2): al fin y al cabo, tienen tiempo. Todo un fin de semana por delante. La aguarda de pie (3), quieto, sin saber a ciencia cierta qué pensamientos ocupan su mente (4) en aquel momento... En Berlín serán las tres de la tarde...
No le gusta mucho esperar (5). Se le había antojado a ella que para contemplar el Atlántico no le hacía falta el bolso. A él todo esto le parece un tanto incongruente. Y, sin embargo, pasados unos minutos, lo considera algo muy natural: un rumor en medio de la espesura; luego sus pantalones (de un color azul claro desteñido, naturalmente), sus pies, abriéndose paso por el sendero y, finalmente, entre el confuso ramaje su pelo intensamente rojizo. Bien valía la pena aquella excursioncita: YOUR PIPE.

1.5. **Análisis de los problemas señalados en el texto**

➢ En cuanto a pronombre personales y adjetivos posesivos:

1. *Ella propone*: cambio de persona, tendría que ser *él*; por tanto, es una EQUIVALENCIA FALSA.

2. *Él la espera*: explicitación innecesaria y probablemente falsa, puesto que en el original consta sólo *él espera*, una aseveración, quizás intencionadamente por parte del autor, más general: sería una EXPLICITACIÓN INNECESARIA.

3. *La aguarda de pie*, se trata también de una EXPLICITACIÓN INNECESARIA.

4. La expresión *su mente* puede ser tanto de él como de ella, cuando debe quedar claro que se trata de lo que él está pensando en esos momentos, existe una AMBIGÜEDAD.

5. *No le gusta mucho esperar*: de nuevo AMBIGÜEDAD.

➢ En cuanto a los tiempos verbales: se encuentran 20 formas de presente, 2 de futuro, 2 de pretérito perfecto y 1 de pluscuamperfecto.

➢ Los extranjerismos señalados se mantienen, aparece uno nuevo: *parking*.

1.6. **Comparación de resultados**

Al comparar las soluciones dadas en la traducción se puede apreciar:

— En primer lugar errores evidentes como la confusión del género de las terceras personas, que pueden haberse cometido en dos fases diferentes del proceso traslativo: al interpretar el texto base o al escribir la traducción.
— En segundo lugar, y quizás todavía más grave en un traductor, se aprecia la falta de planificación del trabajo; porque no se percibe ningún cuidado especial en el tratamiento de las terceras personas (véase las ambigüedades), lo cual indica que no se tiene claro que el método de trabajo en este punto consiste en hacer patente en la traducción el mundo distinto, ajeno, diferenciado de los dos personajes.

En cuanto al segundo de los problemas comparados, los tiempos verbales: se pueden contar 20 formas de presente, 2 de futuro, 2 de pretérito imperfecto y 1 de pluscuamperfecto, aparte de una construcción de gerundio y otra de participio. No aparece ninguna perífrasis verbal, si exceptuamos una con verbo modal. El número de formas verbales ha aumentado considerablemente en la traducción, hecho que pudiera explicarse por la mayor tendencia del alemán a la nominalización. Pero el estilo de Frisch en este texto fue uno de los datos recogidos también en la fase de documentación, se caracteriza por las oraciones incompletas, por la ausencia de la forma verbal, y el estilo elíptico es posible mantenerlo en español. El autor de la traducción no lo ha tenido en cuenta, con lo cual ha empleado sin método los verbos, tanto cuando pueden ser necesarios (p. ej., en el caso de *Sonnig: Hace sol*) como cuando no lo son y su inclusión, por tanto, puede falsear el ritmo de lo narrado, como en los casos siguientes:

— *Büsche und Gestrüpp um den leeren Parkplatz = Matas y arbustos circundan el vacío «parking»*;
— *keine Aussicht also = no se observa panorámica alguna.*

La falta de estrategia de esta traducción se puede comprobar también en el hecho de que en las últimas líneas en cambio se han mantenido las oraciones incompletas del original. Por lo que se refiere al presente, como ya hemos apuntado anteriormente se han utilizado 20 formas en la traducción (5 más que en el texto de partida) y todas ellas simples, sólo aparece una perífrasis modal; incluso no se hace uso de formas perifrásticas cuando en el texto alemán se indica claramente con los medios de esta lengua que se trata de una continuidad, de un alargamiento del presente a través del adverbio *gerade: und weiss nicht, was er im Augenblick grad denkt,* que se convierte en la traducción en: *sin saber a ciencia cierta qué pensamientos ocupan su mente en aquel momento.*

El resto de las formas verbales merecerían también algún comentario:

— por ejemplo, el salto temporal en la *consecutio tempori* a causa del empleo del pluscuamperfecto de se le había antojado (la elección del verbo antojar deja también bastante que desear),
— la elección del futuro en *En Berlín serán ya las tres de la tarde,* que le da un sentido de probabilidad a la oración del cual carece en alemán,
— la inclusión de una perífrasis modal obligativa, ausente en el original, como *Ella ha de volver al coche,* en lugar de simplemente ha vuelto.

Con respecto a los extranjerismos, el tercer problema señalado: los dos casos comentados *OVERLOOK* y *YOUR PIPE* se mantienen en la traducción, lo cual lo consideramos correcto por los motivos antes indicados. En sentido estricto estas palabras no entrarían dentro de lo que se denomina extranjerismo porque su función en el texto, como hemos visto, es de otra índole. Pero sí aparece en la traducción un extranjerismo innecesario, que se podría haber evitado, como es *parking*, vocablo inglés no admitido en el diccionario de la Real Academia, cuyo empleo es además innecesario porque sustituye a una palabra de igual significado como es *aparcamiento* o *estacionamiento*.

Al leer la traducción surge otro tema interesante para el traductor, también dentro del campo léxico: el empleo de los diminutivos en español. En el texto traducido tenemos dos ejemplos: *caminito* y *excursioncita*. Como regla general, el empleo de los diminutivos al traducir requiere mucha sensibilidad, puesto que, como se sabe, no sólo indican una disminución del tamaño de lo designado. Ponen también de manifiesto aspectos tales como ironía, desprecio, aprecio, cariño.

En el caso de *caminito* pudiera tratarse de la denotación de un *camino pequeño*, o *sendero*, pero el traductor parece rehuir el uso simple de esta palabra porque en otro lugar aparece innecesariamente acompañada de una *especie de sendero*. El otro diminutivo empleado quizás sea un ejemplo más claro de la falta de sensibilidad para los matices lingüísticos, al emplear *excursioncita* en este contexto adquiere una connotación irónica que no está presente en el texto alemán, por lo cual no se debe emplear un diminutivo, cuyo uso en este caso no sería adecuado ni correcto. (Aparte de que tampoco es adecuada la elección de la palabra base *excursión*: la falta de sensibilidad lingüística no sólo atañe a los matices.)

Teniendo en cuenta lo analizado y comparado se puede decir con respecto a los casos concretos estudiados que a este fragmento de traducción le ha faltado la planificación adecuada que en el marco de la formación como traductor significa:

— saber especificar y clasificar los problemas de traducción (entendiendo por problemas de traducción problemas de todo tipo desde lagunas léxicas hasta desconocimiento temático),
— saber encontrar las fuentes de documentación,
— hallar las soluciones, y
— aplicar éstas a la traducción de forma sistemática.

Al final de este trabajo crítico es aconsejable ofrecer la propia versión en la cual se manifiesten todas las ideas concebidas a lo largo del proceso crítico. Como toda traducción es una manifestación de la elección entre varias opciones tomada por el traductor y sería muy raro que las elecciones de varios traductores fueran coincidentes.

1.7. **Propuesta de traducción**

TRADUCCIÓN

El letrero promete una vista panorámica de la isla: OVERLOOK. Fue él quien propuso parar aquí. Un aparcamiento para más de cien coches, ahora desierto; su coche, el único sobre las rayas pintadas en el asfalto. Es casi mediodía. Hace sol. Matorrales y maleza alrededor del aparcamiento; o sea, ninguna vista panorámica, pero hay un sendero que se adentra en la maleza. No se lo han pensado dos veces: el sendero les llevará a la gran panorámica. En ese momento ella ha vuelto otra vez al coche. Él se queda esperando; tienen tiempo. Todo un fin de semana. Se queda parado y no sabe lo que está pensando... En Berlín son ya las tres de la tarde... No le gusta esperar. A ella se le ha ocurrido que para ver el Atlántico no necesita bolso. A él le parece todo esto un poco inverosímil, pero al cabo de unos minutos lo ve como una simple realidad: ruidos en los matorrales, después sus pantalones (naturalmente de un azul descolorido) y sus pies en el camino, su pelo casi pelirrojo tras el ramaje. La vuelta al coche ha merecido la pena: YOUR PIPE.

Como se puede ver, la traducción propuesta es la consecuencia del trabajo analítico y crítico. Las soluciones halladas y plasmadas sistemáticamente en la traducción son las siguientes:

— los pronombres personales se hacen explícitos en todas las ocasiones por las razones antes aducidas; las formas del posesivo *SU* se han mantenido sin más concreción cuando no existía riesgo de ambigüedad,
— en las formas verbales de presente se han considerado aquellos casos en los que por el contexto estaba claro que se trataba de una perífrasis en español,
— los términos foráneos: *OVERLOOK* y *YOUR PIPE* se han mantenido en la traducción debido a la función que ejercen en el texto, pero se ha evitado todo extranjerismo innecesario como en la traducción analizada.

En cuanto al estilo global del fragmento se ha respetado el gusto por la elipsis de Frisch, utilizando frases incompletas carentes de formas verbales, de esta manera se puede entrever también en la traducción la maestría en el esbozo, la pincelada rápida y certera que caracterizaba a este autor suizo, que gustaba tanto de hablar de los sentimientos humanos.

En resumen, el esquema del método de la crítica pedagógica es el siguiente:

ANÁLISIS DEL TEXTO DE ORIGEN, EN EL QUE SE INCLUYE LA LABOR DE DOCUMENTACIÓN NECESARIA
CLASIFICACIÓN DE PROBLEMAS Y EL ESTUDIO DE ÉSTOS
ANÁLISIS DE LA TRADUCCIÓN EXISTENTE
VALORACIÓN DE LA TRADUCCIÓN, DE SUS PARTES NEGATIVAS Y DE LAS POSITIVAS, CON APORTACIÓN DE PRUEBAS
PROPUESTA DE LA TRADUCCIÓN PROPIA

Capítulo 2

EJERCICIO DE APLICACIÓN (TEXTO III/2 Y TRADUCCIÓN)

⇒ **Actividad guiada (parcialmente) por el profesor. Trabajo en grupo**

2.1. Presentación del texto: *Die unendliche Geschichte* (1979), de Michael Ende

Diese Inschrift **stand** auf der Glastür eines kleinen Ladens, aber so **sah** sie natürlich nur aus, wenn man vom Innern des dämmerigen Raumes durch die Scheibe auf die Strasse **hinausblickte**.
Draussen **war** ein grauer kalter Novembermorgen, und es **regnete** in Strömen. Die Tropfen **liefen** am Glas herunter und über die geschnörkelten Buchstaben. Alles, was man durch die Scheiben **sehen konnte**, **war** eine regenfleckige Mauer auf der anderen Strassenseite.
*Plötzig **wurde** die Tür so heftig **aufgerissen**, dass eine kleine Traube von Messingglöckchen, die über ihr **hing**, aufgeregt **zu bimmeln begann** und sich eine ganze Weile nicht wieder **beruhigen konnte**.*
Der Urheber dieses Tumults **war** ein kleiner, dicker Junge von vielleicht zehn oder elf Jahren. Das dunkelbraune Haar **hing** ihm nass ins Gesicht, sein Mantel **war** vom Regen **durchweicht** und **tropfte**, an einem Riemen über die Schulter **trug** eine Schulmappe. Er **war** ein wenig blass und ausser Atem, aber ganz im Gegensatz zu der Eile, die er eben noch **gehabt hatte**, **stand** er nun wie angewurzelt in der offenen Tür.
Vor ihm **lag** ein langer, schmaler Raum, der sich nach hinten zu im Dämmerlicht **verlor** [...]. *Offenbar **sass** dort jemad, und tatsächlich **hörte** der Junge nun hinter der Bücherwad eine Stimme ziemlich barsch **sagen**:*
"**Wundern** Sie sich drinnen oder draussen, aber **machen** Sie die Tür **zu**. Es **zieht**."
*Der Junge **gehorchte** und **schloss** leise die Tür. Dann **näherte** er sich der Bücherwand und **guckte** vorsichtig um die Ecke.* Dort **sass** in einem hohen Ohrenbackensessel aus abgewetztem Leder ein schwerer untersetzter Mann [...].

2.2. Análisis del texto y limitación de los problemas (*)

Texto de origen (fragmento de novela): *Die unendliche Geschichte* (1979)
Análisis:
Autor: Michael Ende
Tema:
***Secuencias** *Descriptivas *Narrativas (en cursiva) ***Diálogo**
Morfosintaxis **Clases de oraciones / Longitud** *Verbos: tiempo verbal (señalados en negrita): todos son *Präteritum*, excepto un *Plusquamperfekt* y los presentes del diálogo
Léxico Campo Clases de sustantivos *Adjetivación (múltiple): ein grauer kalter Novembermorgen/ ein kleiner, dicker Junge/ein langer, schmaler Raum/ein schwer untergesetzter Mann [obsérvese la presencia de la coma] Partículas

2.3. Fuentes de documentación ⇒

ALARCOS LLORACH, E., *Gramática de la Lengua Española*. Madrid: Espasa-Calpe, 1994.

DEMONTE, V., «El falso problema de la posición del adjetivo». En: *Boletín de la Real Academia Española,* 1982, 453-485.

ENGEL, U., *Deutsche Grammatik*. Heidelberg: J. Groos, 1998.

GIL, A./E. BANÚS, *Kommentierte Übersetzungen Deutsch-Spanisch: Texte, Musterübersetzungen, vergleichende Grammatik*. Bonn: Romanistischer Verlag, 1987.

HELBIG, G./J. BUSCHA, *Deutsche Grammatik*. Leipzig: VEB Verlag Enzyklopädie, 1988.

MARÍN, D., «El orden de los adjetivos múltiples en español». En: *Boletín de la Real Academia Española,* 1876, 283-297.

WEINRICH, H., *Textgrammatik der deutschen Sprache.* Mannheim: Dudenverlag, 1993.

2.4. Presentación y lectura de la traducción *La historia interminable* (1988), de Miguel Sáenz

Esta *era* la inscripción que **había** en la puerta de cristal de una tiendecita, pero naturalmente sólo **se veía** así cuando se **miraba** a la calle, a través del cristal, desde el interior en penumbra.
Fuera **hacía** una mañana fría y gris de noviembre, y **llovía** a cántaros. Las gotas **correteaban** por el cristal y sobre las adornadas letras. Lo único que **podía verse** por la puerta era una pared manchada de lluvia, al otro lado de la calle.
*La puerta **se abrió** de pronto con tal violencia que un pequeño racimo de campanillas de latón que **colgaba** sobre ella, asustado, **se puso a repiquetear**, sin poder tranquilizarse en un buen rato.*
El causante del alboroto **era** un muchacho pequeño y francamente gordo, de unos diez u once años. Su pelo, castaño oscuro, le **caía** chorreando sobre la cara, **tenía** el abrigo empapado de lluvia y, colgada de una correa, **llevaba** a la espalda una cartera de colegial. **Estaba** un poco pálido y sin aliento pero, *en contraste con la prisa que **acababa de darse**, se **quedó** en la puerta abierta como clavado en el suelo.*
Ante él **tenía** una habitación larga y estrecha, que se **perdía** en la penumbra. [...]
*Evidentemente, allí **había** alguien y, en efecto, el muchacho **oyó** una voz bastante brusca que, desde detrás de la pared de libros, **decía**:*
–**Quédese** pasmado dentro o fuera, pero **cierre** la puerta. **Hay** corriente.
*El muchacho **obedeció**, cerrando con suavidad la puerta. Luego **se acercó** a la pared de libros y **miró** con precaución al otro lado.*
Allí **estaba sentado**, en un sillón de orejas de cuero desgastado, un hombre grueso y rechoncho.

2.5. Soluciones en la traducción de los problemas señalados

➢ Adjetivación múltiple: se ha resuelto en todos los casos con la coordinación de los adjetivos por medio de la conjunción *y*

— *una mañana fría y gris de noviembre*
— *un muchacho pequeño y francamente gordo*
— *una habitación larga y estrecha*
— *un hombre grueso y rechoncho*

➢ Tiempos verbales: la mayoría aparecen en pretérito imperfecto de indicativo, pero se aprecia un cambio temporal en las secuencias narrativas:

> [...]
> *La puerta **se abrió** de pronto con tal violencia que un pequeño racimo de campanillas de latón que **colgaba** sobre ella, asustado, **se puso a repiquetear**, sin poder tranquilizarse en un buen rato.*
> [...]
> *en contraste con la prisa que **acababa de darse**, se **quedó** en la puerta abierta como clavado en el suelo.*
> [...]
> *Evidentemente, allí **había** alguien y, en efecto, el muchacho **oyó** una voz bastante brusca que, desde detrás de la pared de libros, **decía**:*
> [...]
> *El muchacho **obedeció**, cerrando con suavidad la puerta. Luego **se acercó** a la pared de libros y **miró** con precaución al otro lado.*

2.6. Comparación de los resultados

TEXTO DE ORIGEN	**TEXTO DE DESTINO**
A. ANÁLISIS	B. ANÁLISIS
Título: Die unendliche Geschichte	**Título: La historia interminable**
Autor Michael Ende	**Traductor** Miguel Sáenz
Problemas	**Problemas**
1. Tiempos verbales – en secuencias narrativas: Präteritum – en secuencias descriptivas: Präteritum	1b. Tiempos verbales – en secuencias narrativas: indefinido e imperfecto – en secuencias descriptivas: imperfecto
2. Adjetivación múltiple – expresa coordinación entre los adjetivos la unión por coma (o por las conjunciones *oder* y *und*) – subordinación entre los adjetivos se da cuando éstos aparecen sin nexos ni comas (el adjetivo más lejano se subordina entonces al más cercano al sustantivo)	2b. Adjetivación – en todos los casos de adjetivación múltiple en el texto, los adjetivos aparecen coordinados a través de la conjunción *y*

2.7. Conclusión

⇒ Resumen de los comentarios (ficha)

➢ **Secuencias y tiempos verbales en la traducción (en la lección siguiente)**

➢ **Adjetivación (múltiple)**

En español se da la diferencia entre adjetivo especificativo y explicativo, que en muchos casos conlleva una determinada colocación del adjetivo con respecto al sustantivo, pero no existe una forma precisa de reflejar las tendencias de subordinación entre los adjetivos (Alarcos Llorach).
Aunque no existe la relación de subordinación o coordinación entre los adjetivos españoles, se aprecia, no obstante, una tendencia a colocar los adjetivos en un determinado orden (Marín):

Se colocan en primer lugar
— los adjetivos positivos, valiosos o grandes,
— los adjetivos físicos a los abstractos,
— los adjetivos físicos que denotan el aspecto, la forma y la dimensión; cualidades sensoriales como el color se pospondrían.

Se colocan en segundo lugar
— los adjetivos abstractos que especifican, refuerzan o complementan al primero.

Capítulo 3

EJERCICIO DE INICIACIÓN: PROBLEMAS MORFOSINTÁCTICOS Y ESTUDIOS CONTRASTIVOS (TEXTO III/3)

⇒ **Actividad guiada (parcialmente) por el profesor. Trabajo en grupo**

3.1. Presentación de 'Die Tochter', de Peter Bichsel

Die Tochter

Abends warteten sie auf Monika. Sie arbeitete in der Stadt, die Bahnverbindungen sind schlecht. Sie, er und seine Frau, sassen am Tisch und warteten auf Monika. Seit sie in der Stadt arbeitete, assen sie erst um halb acht. Früher hatten sie eine Stunde eher gegessen. Jetzt warteten sie täglich eine Stunde am gedeckten Tisch, an ihren Plätzen, der Vater oben, die Mutter auf dem Stuhl nahe der Küchentür, sie warteten vor dem leeren Platz Monikas. Einige Zeit später dann auch vor dem dampfenden Kaffee, vor der Butter, dem Brot, der Marmelade.
Sie war grösser gewachsen als sie, sie war auch blonder und hatte die Haut, die feine Haut der Tante Maria. "Sie war immer ein liebes Kind", sagte die Mutter, während sie warteten. [...]
Dann versuchten sie wenigstens, sich genau vorzustellen, wie sie beiläufig in der Bahn ihr rotes Etui mit dem Abonnement aufschlägt und vorweist, wie sie den Bahnsteig entlanggeht, wie sie sich auf dem Weg ins Büro angeregt mit Freundinnen unterhält, wie sie den Gruss eines Herrn erwidert.
Und dann stellten sie sich mehrmals vor in dieser Stunde, wie sie heimkommt, die Tasche und ein Modejournal unter dem Arm, ihr Parfum; stellten sich vor, wie sie an ihren Platz setzt, wie sie dann zusammen essen würden.

3.2. Análisis del texto

Texto de origen: 'Die Tochter' en *Eigentlich möchte Frau Blum den Milchmann kennenlernen* (1964)
Análisis:
Autor: Peter Bichsel
Tema: ***Die Tochter* es una narración, muy breve, donde se cuenta la hora diaria que unos padres pasan frente a la mesa puesta para cenar esperando a que su hija regrese de la ciudad.**
Secuencias *Descriptivas *Narrativas *Diálogo
Morfosintaxis **Clases de oraciones/Longitud** *Verbos: tiempos, voz, modo
Léxico Campo Clases de sustativos Adjetivación Partículas

3.3. Delimitación de problemas (*): la interpretación del pasado en la obra literaria

⇨ El *Präteritum*: Existen tres posibilidades del pasado en español para una única que aparece en alemán, lo cual en principio es un problema (problemas de menos a más lo cual aumenta el grado de interpretabilidad) en la fase de elección en la traducción que quizás equivalga en algunos casos concretos a una diferente interpretación del texto de partida.

> Abends warteten sie auf Monika. Sie arbeitete in der Stadt, die Bahnverbindungen sind schlecht. Sie, er und seine Frau, sassen am Tisch und warteten auf Monika. Seit sie in der Stadt arbeitete, assen sie erst um halb acht. Früher hatten sie eine Stunde eher gegessen. Jetzt warteten sie täglich eine Stunde am gedeckten Tisch, an ihren Plätzen, der Vater oben, die Mutter auf dem Stuhl nahe der Küchentür, sie warteten vor dem leeren Platz Monikas. Einige Zeit später dann auch vor dem dampfenden Kaffee, vor der Butter, dem Brot, der Marmelade. Sie war grösser gewachsen als sie, sie war auch blonder und hatte die Haut, die feine Haut der Tante Maria. "Sie war immer ein liebes Kind", sagte die Mutter, während sie warteten.

⇨ Los tiempos en una secuencia de estilo indirecto: Algunos autores dudan de la existencia de tiempos absolutos y relativos en alemán, aunque algunas gramáticas de esta lengua ofrecen reglas para el uso relativo de los tiempos. La observación de las reglas de uso en español es esencial para la correcta elección temporal en estas secuencias.

> Dann versuchten sie wenigstens, sich genau vorzustellen, wie sie beiläufig in der Bahn ihr rotes Etui mit dem Abonnement aufschlägt und vorweist, wie sie den Bahnsteig entlanggeht, wie sie sich auf dem Weg ins Büro angeregt mit Freundinnen unterhält, wie sie den Gruss eines Herrn erwidert. Und dann stellten sie sich mehrmals vor in dieser Stunde, wie sie heimkommt, die Tasche und ein Modejournal unter dem Arm, ihr Parfum; stellten sich vor, wie sie an ihren Platz setzt, wie sie dann zusammen essen würden.

3.4. Fuentes de documentación ⇒

ALARCOS LLORACH, E., *Gramática de la Lengua Española*. Madrid: Espasa-Calpe, 1994.

BRONS-ALBERT, R., «Die Tempora des Deutschen». En: *Info DaF*, 3/1987, 195-201.

FORSTER, K., «Lernschwierigkeiten und Fehlerursachen im Kontrast Spanisch-Deutsch: Morphologie». En: *Deutsch als Fremdsprache*, 4/1994, 209-215.

GIL, A./E. BANÚS, *Kommentierte Übersetzungen Deutsch-Spanisch: Texte, Musterübersetzungen, vergleichende Grammatik*. Bonn: Romanistischer Verlag, 1987.

HELBIG, G./J. BUSCHA, *Deutsche Grammatik*. Leipzig: VEB Verlag Enzyklopädie, 1988.

MATTE BON, F., *Gramática comunicativa del español (Tomo II)*. Madrid: Difusión, 1992.

MYRKIN, V., «Zum System und Modell der deutschen Verbtempora». En: *Deutsch als Fremdsprache* 4/1995, 215-218.

WEINRICH, H., *Estructura y función de los tiempos en el lenguaje*. Madrid: Gredos, 1974 (Título original: *Tempus, besprochene und erzählte Welt* [1964]). Traducción de Federico Latorre.

WEINRICH, H., *Textgrammatik der deutschen Sprache*. Mannheim: Dudenverlag, 1993.

WERLICH, E., *Typologie der Texte*. Heidelberg: Quelle & Meyer, 1979.

3.5. Estudio contrastivo del tiempo: la interpretación del pasado en el texto literario

3.5.1. El pasado en el texto literario

<u>En alemán:</u>

En el fragmento la forma verbal es el *Präteritum*, el *Präteritum* literario (desde la perspectiva de la traducción habría que distinguir entre *Präteritum* narrativo y *Präteritum* descriptivo, aparte del *Präteritum* de diálogo).

➢ <u>En la secuencia narrativa</u> las dos palabras clave para interpretar la presencia del *Präteritum* en este texto son los adverbios *abends* y *täglich*, que confieren a la acción expresada por el pretérito el significado de lo habitual.

- En la secuencia descriptiva (*Sie war grösser gewachsen als sie... Tante Maria*) aparecen verbos neutros semánticamente para dar detalles del físico de un personaje.

- En la secuencia de diálogo (*"Sie war immer ein liebes Kind"*) aparece un *Präteritum* de diálogo con el verbo *sein,* por lo que podría ser, en cuanto al significado temporal, sinónimo de un perfecto.

TRADUCCIÓN

Todas las tardes esperaban a Monika. Trabajaba en la ciudad, las combinaciones de trenes son malas. Ellos, él y su mujer, se sentaban a la mesa y esperaban a Monika. Desde que trabajaba en la ciudad no cenaban hasta las siete y media. Antes solían hacerlo una hora más temprano. Ahora esperaban todos los días una hora con la mesa puesta, en sus sitios, el padre presidiendo, la madre en la silla más próxima a la puerta de la cocina, esperaban ante el asiento vacío de Monika. Un poco más tarde ante el café humeante, ante la mantequilla, el pan y la mermelada. Ella era más alta que ellos, también más rubia y tenía la piel, la fina piel de la tía María.
"Siempre ha sido una buena chica", decía la madre mientras esperaban.

En español:

- En la secuencia narrativa:

a) Forma verbal: imperfecto = acción repetida en el pasado. La repetición gramatical del tiempo mezclada con la elección léxica (*sie warteten, warteten...*) contribuye a crear la atmósfera agobiante de la espera y la monotonía. En este sentido, la forma de imperfecto no representa el segundo plano de la narración. Se trata aquí de ofrecer un plano general en una composición basada en acciones pasadas repetidas.

b) Indicadores temporales: adverbios de tiempo, esenciales para interpretar correctamente la idea del texto de partida en la traducción. En este caso son dos, que resultan ser, a su vez, los hilos que tejen el entramado temporal del texto: *abends* y *täglich*.

➢ En la secuencia descriptiva:

Es el imperfecto el tiempo dominante y en la frase dialogada se utiliza un pretérito perfecto (frente a un *Präteritum* con verbo *sein*) para indicar el alcance del pasado en el presente (la misma oración en indefinido o imperfecto adquiriría un significado diferente).

En la parte narrativa que sigue al estilo directo aparecen diferenciados un primer plano (*sagte*) y un segundo plano (*warteten*). El empleo del imperfecto en el primer caso (el segundo plano siempre se realiza en imperfecto) mantiene el clima del texto respecto a la repetición monótona de los hechos, incluidas las palabras de los personajes. Si bien éste se acercaría más a un caso de interpretación subjetiva por parte del traductor al no ofrecer el texto otros indicadores temporales en el cotexto inmediato.

	SECUENCIAS NARRATIVAS	
Alemán	**<Indicadores temporales>**	**Español**
Präteritum		**Indefinido / Imperfecto** **1.er plano / 2.º plano**
		Imperfecto **pasado habitual**

	SECUENCIAS DESCRIPTIVAS	
Alemán	**<Indicadores espaciales>**	**Español**
Präteritum		**Imperfecto**

3.5.2. El pasado en secuencias de estilo indirecto

Aunque se duda de la existencia de tiempos absolutos y relativos en alemán, algunas gramáticas ofrecen reglas para el uso relativo de los tiempos (*vid.* Helbig/Buscha 1988, 158). Generalmente para conseguir una concordancia temporal correcta hay que considerar dos parámetros: la forma verbal de la oración principal y la relación temporal que se quiera expresar entre ésta y la subordinada (simultaneidad, anterioridad o posterioridad). Con vistas a la traducción se proponen las siguientes correspondencias en español:

ORACIÓN PRINCIPAL	**CONCORDANCIA TEMPORAL**	**ORACIÓN SUBORDINADA**
Presente	**Simultaneidad**	**Presente**
	Anterioridad	**Imp./Ind./Perf.**
	Posterioridad	**Futuro**
Pasado	**Simultaneidad**	**Imp./Ind.**
	Anterioridad	**Plusc.**
	Posterioridad	**Condicional**

Obsérvense en los dos párrafos siguientes de *Die Tochter* las correlaciones Präteritum + presentes:

> Dann <u>versuchten</u> sie wenigstens, <u>sich</u> genau vorzustellen, wie sie beiläufig in der Bahn ihr rotes Etui mit dem Abonnement aufschlägt und vorweist, wie sie den Bahnsteig entlanggeht, wie sie sich auf dem Weg ins Büro angeregt mit Freundinnen unterhält, wie sie den Gruss eines Herrn erwidert.
> Und dann <u>stellten</u> sie sich mehrmals <u>vor</u> <u>in</u> <u>dieser Stunde</u>, wie sie heimkommt, die Tasche und ein Modejournal unter dem Arm, ihr Parfum; <u>stellten</u> sich <u>vor</u>, wie sie an ihren Platz setzt, wie sie dann zusammen essen würden.

En ambos casos la misma forma verbal (*versuchten sie... sich vorzustellen, stellten sie sich... vor*) inicia dos secuencias, precedidas ambas del adverbio *dann*; lo que diferencia a un párrafo de otro sería el complemento circunstancial de tiempo del segundo, *in dieser Stunde*, que al situar un punto de presente en los acontecimientos le da a lo que sigue una proyección hacia el futuro que habría que reflejarla a través del condicional en español, el futuro del pasado.

> Entonces intentaban por lo menos imaginarse exactamente cómo abría ocasionalmente en el tren su funda roja con el abono y lo mostraba, cómo iba a lo largo del andén, cómo conversaba animadamente con otras chicas de camino a la oficina, cómo respondía sonriendo al saludo de un caballero. Y después se imaginaban varias veces durante esa hora, cómo volvería a casa, el bolso y la revista de modas bajo el brazo, su perfume; se imaginaban cómo se sentaría en su sitio, cómo cenarían juntos.

Si la interpretación que se ha efectuado en la fase previa a la traducción es válida, los párrafos se inician con el pretérito imperfecto para mantener la repetición en el pasado de todo el texto, pero los presentes del primer párrafo se convierten en imperfectos en la traducción por expresar simultaneidad con la acción principal (véase recuadro) y los presentes del segundo párrafo hay que trasladarlos como condicionales al tratarse de futuros del pasado.

3.6. Conclusión

— en la narración en el pasado se dan dos planos diferentes que exigen diferentes formas verbales en español: **primer plano = pretérito indefinido, segundo plano = pretérito imperfecto**,

— en la narración en el pasado de **hechos repetidos** no existe la diferencia entre segundo y primer plano, el tiempo en estas secuencias es el **imperfecto**,

— en las **secuencias descriptivas** el único tiempo posible en español es el **imperfecto** y en las **partes dialogadas** (*Präteritum* o perfecto, eventuales sinónimos en alemán) la elección se encuentra entre el indefinido, el imperfecto y el perfecto dependiendo del significado temporal que se le deba dar,

— en el empleo de los **tiempos absolutos y relativos** la atención a las reglas de uso es fundamental. Al ser diferentes en cada una de las lenguas el problema de la contaminación formal en la elección de los tiempos es frecuente,

— los **elementos del cotexto** son esenciales para una interpretación adecuada de las secuencias, hecho que se refleja también incluso en el uso relativo de los tiempos. Cuando estos elementos faltan, la traducción está sometida a un mayor grado de interpretación por parte del traductor.

FICHA

➢ **secuencia narrativa: primer plano = pretérito indefinido, segundo plano = pretérito imperfecto**

➢ **en la narración en el pasado de hechos repetidos: el imperfecto**

➢ **en las secuencias descriptivas: el imperfecto**

➢ **en las partes: dialogadas el indefinido, el imperfecto y el perfecto**

➢ **en el empleo de los tiempos absolutos y relativos: las reglas de uso contrastadas**

➢ **los elementos del cotexto son esenciales para una interpretación temporal adecuada**

CAPÍTULO 4

EJERCICIO DE APLICACIÓN (TEXTO III/4)

⇐ **Alumno**

4.1. Presentación del texto: fragmento de 'Kerzen für Maria', de *Wanderer kommst du nach Spa... Erzählungen,* de Heinrich Böll

> Sie war kaum gegangen, als die Tür aufgestossen wurde und ein junger, schmaler Bursche erschien, unrasiert, in hellem Regenmantel; hinter ihm sah ich ein hutloses Mädchen in einem bräunlichen Mantel. Die beide traten leise, fast schüchtern näher, sagten knapp "Guten Abend" und wandten sich zur Theke. Der Bursche trug die lederne, abgenutzte Einkaufstasche des Mädchens, und obwohl er sichtlich bemüht war, Haltung zu zeigen, Mut und das Benehmen eines Mannes, der täglich mit seinem Mädchen im Hotel übernachtet, sah ich doch, dass seine Unterlippe zitterte und winzige Schweisströpfchen an seinen Bartstoppeln hingen. Die beide standen dort wie Wartende in einem Laden. Ihre Hutlosigkeit, die Einkaufstasche als einziges Gepäck gaben ihnen das Aussehen von Fliehenden, die irgendeine Übergangsstation erreicht haben. Das junge Mädchen war schön, ihre Haut war lebendig, warm und leicht gerötet, und das schwere braune Haar, das lose über die Schultern fiel, schien fast zu schwer für ihre zierlichen Füsse; sie bewegte nervös die schwarzen staubigen Schuhe, indem sie öfter, als erforderlich gewesen wäre, das Standbein wechselte; dem Burschen fielen ein paar Haarsträhnen, die er hastig zurückstrich, immer wieder in die Stirn, und sein kleiner runder Mund zeigte den Ausdruck einer schmerzlichen und zugleich glücklichen Entschlossenheit.

4.2. Análisis del texto según el modelo presentado

Texto de origen: fragmento de **'Kerzen für Maria'** de ***Wanderer kommst du nach Spa... Erzählungen*** **(1967)**
Análisis:
Autor: Heinrich Böll
Tema:
Secuencias *Descriptivas *Narrativas
Morfosintaxis *Verbos: tiempos, voz, modo
Léxico Campo Clases de sustativos *Adjetivación Partículas

4.3. Análisis del tiempo *Präteritum* en el texto y aplicación a la traducción

SECUENCIAS NARRATIVAS: **Hechos puntuales** **primer plano (indefinido)** **segundo plano (imperfecto)** **Hechos repetidos (imperfecto)**
SECUENCIAS DESCRIPTIVAS: (imperfecto)

4.4. **Análisis de la adjetivación múltiple. Ejs.:**

Sie war kaum gegangen, als die Tür aufgestossen wurde und ein junger, schmaler Bursche erschien, unrasiert, [...]. Die Bursche trug die lederne, abgenutzte Einkaufstasche des Mädchens [...]. Das junge Mädchen war schön, ihre Haut war lebendig, warm und leicht gerötet, und das schwere braune Haar, das lose über die Schultern fiel, schien fast zu schwer für ihre zierlichen Füsse; sie bewegte nervös die schwarzen staubigen Schuhe, indem sie öfter, als erforderlich gewesen wäre, das Standbein wechselte; dem Burschen fielen ein paar Haarsträhnen, die er hastig zurückstrich, immer wieder in die Stirn, und sein kleiner runder Mund zeigte den Ausdruck einer schmerzlichen und zugleich glücklichen Entschlossenheit.

***Vid.* FICHA Texto II/2** **ADJETIVACIÓN COORDINADA [adjetivos separados por comas o unidos por conjunciones]**
ADJETIVACIÓN SUBORDINADA [sin comas ni conjunciones]

4.5. **Propuesta de traducción**

Apenas había salido cuando la puerta se abrió de pronto y apareció un joven delgado, sin afeitar, [...]. El joven llevaba una desgastada bolsa de cuero de la chica, [...]. La joven era hermosa, su piel viva y cálida, y ligeramente enrojecida; su espeso cabello castaño le caía suelto sobre los hombros, parecía casi demasiado pesado para sus delicados pies; movía, nerviosa, los negros zapatos polvorientos, cambiando de pierna de apoyo más veces de las que hubiese sido necesario: al chico le caía en la frente algún mechón, que se apartaba rápidamente, y en su pequeña boca redonda se reflejaba la expresión de una determinación dolorosa, al mismo tiempo que feliz.

CAPÍTULO 5

EJERCICIO DE INICIACIÓN: PROBLEMAS LÉXICOS Y DOCUMENTACIÓN (TEXTO III/5)

⇒ **Actividad guiada por el profesor**

5.1. Presentación del texto *Ehen in Philippsburg* (1963), de Martin Walser

In einem überfüllten Aufzug schauen alle Leute aneinander vorbei. Auch Hans Beumann spürte sofort, dass man fremden Menschen nicht ins Gesicht starren kann, wenn man ihnen so dicht gegenübersteht. Er bemerkte, dass jedes Augenpaar sich eine Stelle gesucht hatte, auf der er verweilen konnte: auf der Zahl, die angibt, wieviel Personen der Aufzug tragen kann; auf einem Satz der Betriebsordnung; auf dem Stück Hals, das einem so dicht vor den Augen steht, dass man das Geflecht aus Falten und Poren noch nach Stunden aus dem Gedächtnis nachzeichnen könnte; auf einem Haaransatz mit etwas Kragen daran; oder auf einem Ohr, in dessen unregelmässigen rosaroten Serpentinen man allmählig der kleinen dunklen Öffnung zutreibt, um darin den Rest der Fahrt zu verbringen. Beumann dachte an die Fische in den Hotelaquarien, deren reglose Augen gegen die Scheiben stehen oder auf der Flosse eines Schicksalsgefährten, der sich offensichtlich nie wieder bewegen wird. Die mit ihm fuhren, mochten Abonnenten und Annoncenvermittler sein, Journalisten, Photographen und Beschwerdesüchtigen, die zum *Abendblatt* in den unteren Stockwerken, zum *Philippsburger Tagblatt* in den Stockwerken vier bis acht oder ganz hinauf wollten, in die oberen sechs Stockwerken, in denen, wie der Fahrstuhlführer bekanntgab, die *Weltschau* untergebracht war: im obersten, im vierzehnten Stockwerk erst, residierte der Chefredakteur der *Weltschau*, Harry Büsgen. Beumann musste einen Augenblick verschnaufen, als er oben ankam, musste das Kitzeln in der Magengrube verreiben und das Prickeln auf der Rückenhaut und im Gesicht verrinnen lassen, das ihn befallen hatte angesichts dieses Riesenturmes aus Stahl und Glas, in dessen Rückgrat er mit dem Aufzug in ein paar Sekunden hochgeklettert war, mühelos, geräuschlos, so leicht, wie eine Quecksilbersäule im Thermometer steigt, wenn die Temperatur plötzlich ungeheuer zunimmt.

5.2. Análisis del texto

Texto de origen (fragmento de novela): **Ehen in Philippsburg** **Análisis:**
Autor: Martin Walser
Tema: **Es una novela que narra la vida de la clase media alta en la sociedad del bienestar de los años setenta en Alemania**
Secuencias Descriptivas Narrativas **Diálogo**
Morfosintaxis **Clases de oraciones/Longitud** Verbos: tiempos, voz, modo
***Léxico** *Campo *Clases de sustativos Adjetivación Partículas

5.3. Delimitación de problemas léxicos

La documentación para el traductor es una técnica que debe ejercitarse y que en ocasiones debe estar guiada por unos conocimientos previos que van a permitir seleccionar en cada caso particular lo más pertinente para la traducción (a todas luces este tipo de *documentación inferencial* requiere un mayor esfuerzo mental):

⇨ Problemas por la inexistencia de la lexia en el diccionario (*aneinander vorbeischauen, Haaransatz, Annoncenvermittler, Beschwerdesüchtigen*)

In einem überfüllten Aufzug schauen alle Leute aneinander vorbei.

Er bemerkte, dass jedes Augenpaar sich eine Stelle gesucht hatte, auf der er verweilen konnte: auf der Zahl, die angibt, wieviel Personen der Aufzug tragen kann; [...] auf einem Haaransatz mit etwas Kragen daran.

Die mit ihm fuhren, mochten Abonnenten und Annoncenvermittler sein, Journalisten, Photographen und Beschwerdesüchtigen [...].

➩ Problemas relacionados con los falsos amigos (*Serpentine*)

[...] oder auf einem Ohr, in dessen unregelmässigen rosaroten Serpentinen man allmählig der kleinen dunklen Öffnung zutreibt, um darin den Rest der Fahrt zu verbringen.

➩ Problemas por la inadecuación del registro (*Magengrube*)

[...] als er oben ankam, musste das Kitzeln in der Magengrube verreiben.

La expresión no se encuentra en el diccionario:

- *aneinander vorbeischauen*: no entra como expresión en el diccionario. El verbo *vorbeischauen* significaría *pasar a ver a alg.*, en este caso el polisémico adverbio *aneinander* es el que determina la expresión, cuyo significado podría ser análogo al que tiene en *aneinander vorbeireden (*Vid. *Wahrig): hablar cada uno por su lado sin hacer caso al otro*. En el texto *aneinander vorbeischauen* sería el de esquivar la mirada, no mirar directamente a la cara del otro. En este caso, en el que el significado de la expresión hay que inferirlo por analogía con otras expresiones, está claro que la competencia lingüística en la lengua de la que se traduce es crucial y que el trabajo de documentación a través del diccionario debe estar guiado por los conocimientos previos del traductor.

- *Haaransatz* es un compuesto común, significa *nacimiento del pelo*, pero no aparece en los diccionarios bilingües utilizados (Langenscheidt [L], Slaby/Grossmann [S/G]) y en un monolingüe (Wahrig) aparece con la siguiente definición: *Beginn des Kopfhaars an der Stirn* (comienzo del cuero cabelludo en la frente), lo cual provoca junto con la palabra *Kragen* (cuello de la camisa) que lo acompaña imágenes un tanto peculiares. Donde debería estar expresada la idea del *nacimiento del pelo rozado por algo del cuello de la camisa* se pueden encontrar las más variadas versiones.

- Los compuestos *Annoncenvermittler* y *Beschwerdesüchtige* son compuestos no recogidos en los diccionarios, pero mientras que el primero es en apariencia fácilmente identificable *publicitario* (según el DRAE solamente utilizado en América), el segundo crea problemas por cada uno de los lexemas que lo componen.

Los equivalentes dados en los diccionarios bilingües (S/G y L) se convierten en una fuente de dudas para el consultor con poca experiencia. Los posibles significados de *Beschwerde* son variados en cuanto a contenido y orden en el que se ofrecen:

Carga, pena, fatiga, molestia (L) / Queja, reclamación (S/G)
Achaques, dolores (L) / Fatiga, pena, trabajo, opresión (S/G)
Queja, reclamación (L) / Molestia, padecimiento, afección, trastorno (S/G)

El adjetivo *süchtig* aparece como *toxicómano, drogadicto* (S/G), o como *ávido, adicto, toxicómano* (L). La confusión creada en los futuros traductores por los dispares datos que recogen queda reflejada en algunas de las propuestas presentadas.

El problema de los falsos amigos también existe entre el alemán y el español:

➢ *Serpentine* lleva a engaño por su parecido con el término español *serpentina*. El diccionario monolingüe (DUDEN) nos dice que es *in vielen Kehren, Windungen schlangenförmig an steilen Berghängen ansteigender Weg* (camino que asciende por empinadas montañas dibujando muchas vueltas y revueltas), esta imagen se mantiene parcialmente en el significado del adjetivo *serpentino* en español: *describiendo las ondulaciones de una serpiente*. Pero la idea que suscita el sustantivo *serpentina* y que sólo aparece en el DRAE en su 5.ª acepción es: *Tira de papel arrollada que en días de carnaval u otras fiestas y diversiones se arrojan unas personas a otras, teniéndola sujeta por un extremo*. Éste es un caso claro en el que se tendría que haber consultado el monolingüe español.

La elección léxica es una cuestión de contexto:

➢ El término *Magengrube*, también un compuesto, aparece en los diccionarios bilingües como hueco *epigástrico* (L) o *fosa epigástrica* (S/G) si bien precedido de la anotación (Anat.). Para tratar con acierto este témino conviene, como siempre, tener en cuenta el tema, el contexto, la personalidad, la profesión del protagonista. Hans Beumann es un periodista recién licenciado, nuevo en la ciudad y está ante su primera entrevista de trabajo. Nervioso, con el cosquilleo típico en la boca del estómago. En alemán, en otro contexto *Magengrube* puede significar *hueco epigástrico*, pero funciona también como palabra común, no terminológica, en el sentido en el que en español se dice simplemente *estómago* o *boca del estómago* en el lenguaje cotidiano. En realidad *epigastrio* significa (DRAE): *Región del abdomen o vientre, que se extiende desde la punta del esternón hasta cerca del ombligo, y queda limitada en ambos lados por las costillas falsas*. Pero su uso en este contexto no sería el adecuado.

5.4. Aplicación a la traducción

TRADUCCIÓN

En un ascensor repleto de gente todo el mundo evita la mirada de los otros. Hans Beumann también notó enseguida que no se puede mirar a la cara a gente desconocida cuando se está tan cerca. Se daba cuenta de que cada par de ojos se había buscado un sitio en el que poder quedarse: en el número de las personas que puede transportar el ascensor; en una frase del reglamento de uso; en la parte de cuello que está tan cerca de los ojos, que incluso después de horas se podría dibujar de memoria ese entramado de arrugas y poros; en el nacimiento del pelo apenas rozado por la camisa; o en una oreja en cuyas sinuosidades, irregulares y rosáceas, se enreda la vista hasta llegar al pequeño orificio oscuro, para pasar allí el resto del viaje. Beumann recordaba los peces de los acuarios de hotel, con los ojos inmóviles frente a los cristales o encima de la aleta de un compañero de infortunio, que a todas luces no se volvería a mover.

Los que iban con él en el ascensor serían suscriptores y publicistas, periodistas, fotógrafos y habituales de las reclamaciones, que se dirigían al *Abendblatt* en los pisos inferiores, hacia el *Philippsburger Tagblatt* entre los pisos cuarto y octavo o hacia arriba del todo, a los seis pisos superiores, donde, como anunciaba el ascensorista, se encontraba el *Weltschau:* en el último, en el piso decimocuarto, trabajaba el director del *Weltschau,* Harry Büsgen. Cuando llegó arriba, Beumann tomó aliento un momento, se quitó frotando el cosquilleo de la boca del estómago y dejó pasar el picor que le había entrado en la espalda y en la cara al ver la enorme torre de acero y cristal...

CAPÍTULO 6

EJERCICIO DE APLICACIÓN (TEXTO III/6)

⇐ **Alumno**

6.1. Presentación del texto: fragmento de *Die rote Katze*, de Luise Rinser (1911-)

Im Vorgarten, da waren Peter und Leni und haben Bohnen geschnitten. Sie haben sich die grünen Bohnen in den Mund gestopft, dass es nur so geknirscht hat, und Leni hat ganz leise gefragt, ob ich nicht noch ein Stückchen Brot hab. "Na", hab ich gesagt, "du hast doch genauso ein grosses Stück gekriegt wie ich, und du bist erst neun, und ich bin dreizehn. Grössere brauchen mehr." – "Ja", hat sie gesagt, sonst nichts. Da hat Peter gesagt: "Weil sie ihr Brot doch die Katze gegeben hat." – "Was für eine Katze?" hab ich gfragt. "Ach", sagt Leni, "da ist eine Katze gekommen, eine rote, wie so ein kleiner Fuchs und so schrecklich mager: Die hat mich immer angeschaut, wie ich mein Brot hab essen wollen." – "Dummkopf", hab ich ärgerlich gesagt, "wo wir doch selber nichts zu essen haben." Aber sie hat nur mit den Achseln gezuckt und ganz schnell zu Peter hingeschaut, der hat einen roten Kopf gehabt, und ich bin sicher, er hat sein Brot auch der Katze gegeben. Da bin ich wirklich ärgerlich gewesen, und hab ganz schnell weggehen müssen.

6.2. Análisis del texto

Texto de origen (fragmento): **Die rote Katze**
Análisis:
Autor: Luise Rinser
Tema:
Secuencias Descriptivas Narrativas *Diálogo
Morfosintaxis Clases de oraciones/Longitud Verbos: tiempos, voz, modo
Léxico *Campo Clases de sustativos Adjetivación Partículas
Otros elementos *Puntuación en los diálogos

6.3. Análisis léxico [fichas de diccionario de los puntos siguientes]

⇨ Denominaciones de color

- ➢ Denominaciones que se corresponden con la realidad: *die grünen Bohnen.*
- ➢ Denominaciones que establecen una comparación (a veces no coincidente en las dos culturas): *rot... wie ein Fuchs.*
- ➢ Denominaciones que forman parte de una frase hecha: *der hat einen roten Kopf gehabt.*

⇨ Denominaciones de ruidos

- *Knirschen.*

⇨ Fraseologismos

- Reales: *sie hat mit den Achseln gezuckt.*
- Figurados: *der hat einen roten Kopf gehabt.*

6.4. La puntuación en los diálogos

DOCUMENTACIÓN: BÚSQUEDA DE DIÁLOGOS EN NOVELAS PUBLICADAS EN ESPAÑOL

⇨ **GUIONES**
⇨ **COMILLAS**

6.5. Aplicación a la traducción

TRADUCCIÓN

En el jardín de delante, allí estaban Peter y Leni y cortaban judías. Se llenaban la boca de las judías verdes de tal forma que aquello rechinaba de mala manera, y Leni preguntó muy bajito si no tendría otro trozo de pan.
–Vaya –le dije–, a ti te tocó un trozo tan grande como el mío y tú tienes nueve años y yo tengo trece. Los mayores necesitan más.
–Sí –dijo ella, nada más.
Entonces dijo Peter:
–Es que ella le ha dado su pan al gato.
–¿A qué gato? –pregunté.
–Bueno –dijo Leni–, vino un gato, un gato rojo, parecido a un pequeño zorro y tan terriblemente delgado. No paraba de mirar cómo me comía el pan.
–Imbécil –le dije enfadada–, si nosotros mismos no tenemos qué comer.
Pero ella sólo se encogió de hombros y le lanzó una rápida mirada a Peter, que se había puesto rojo, y estoy segura de que él también le había dado su pan al gato. Entonces me cogí tal enfado que me tuve que ir de allí a toda prisa.

CAPÍTULO 7

REFERENCIAS BIBLIOGRÁFICAS

ALARCOS LLORACH, E., *Gramática de la Lengua Española*, Madrid: Espasa-Calpe, 1994.

AMMAN, M., «Das bekannte Bild einer fremden Kultur - Ein Textvergleich», en *TextconText* 8/1993, 63-79.

AMMAN, M.: «Anmerkungen zu einer Theorie der Übersetzungskritik und ihrer praktischen Anwendung», en *TextconText* 5/1990, 209-250.

AMMAN, M./VERMEER,H.: «Der andere Text: ein Beitrag zur Übersetzungskritik», en *TextconText* 6/1991, 251-260.

BRONS-ALBERT, R., «Die Tempora des Deutschen, en *Info DaF* 3/1987, 195-201.

CARTAGENA, N./M. GAUGER, *Vergleichende Grammatik. Spanisch-Deutsch*. Mannheim: Dudenverlag, 1989.

ELENA, P., «La crítica pedagógica de la traducción», en *Actes del II Congrés Internacional sobre Traducció*, UAB, 1998, 47-61.

ENGBERG, J., «Fachsprachenspezifische kontrastive Textgrammatik /Textsorten-grammatik», en Kelletat, A. (ed.), *Übersetzerische Kompetenz*. Frankfurt a.M.: Peter Lang, 1996, 105-120.

FORSTER, K., «Lernschwierigkeiten und Fehlerursachen im Kontrast Spanisch-Deutsch: Morphologie», en *Deutsch als Fremdsprache* 4/1994, 209-215.

GERZYMISCH-ARBOGAST, H., *Übersetzungswissenschaftliches Propädeutikum*. Tübingen: Francke, 1994.

GIL, A./E. BANÚS, *Kommentierte Übersetzungen Deutsch-Spanisch: Texte, Muster übersetzungen, vergleichende Grammatik*. Bonn: Romanistischer Verlag, 1987.

HANSEN, G., «Übersetzungskritik in der Übersetzerausbildung». En: Kelletat, A. (ed.), *Übersetzerische Kompetenz*. Frankfurt a.M.: Peter Lang, 1996, 151-164.

HELBIG, G./BUSCHA, J., *Deutsche Grammatik*. Leipzig: VEB Verlag Enzyklopädie, 1988.

HENNIG, M., «Die Darstellung des Tempussystems in deutschen Grammatiken», en *Deutsch als Fremdsprache* 4/1997, 220-227.

HÖNIG, H., «Übersetzen zwischen Reflex und Reflexion - ein Modell der übersetzungsrelevanten Textanalyse», en Snell-Hornby, M. (ed.), 1986, 230-251.

HURTADO ALBIR, A., «La enseñanza de la traducción directa general. Objetivos de aprendizaje y metodología», en Hurtado Albir, A. (ed.), *La enseñanza de la traducción*. Castellón de la Plana: Ediciones Universidad Jaume I, 1996, 31-55.

JÄRVENTAUSTA, M., «Wieviel kontrastive Grammatik braucht der Übersetzer», en Kelletat, A. (ed.), *Übersetzerische Kompetenz*. Frankfurt a.M.: Peter Lang, 1996, 91-103.

KOLLER, W., *Einführung in die Übersetzungswissenschaft*. 2.ª ed. Heidelberg: Quelle & Meyer, 1983.

KUPSCH-LOSEREIT, S., «Scheint eine schöne Sonne? oder: Was ist ein Übersetzungsfehler?», en *Lebende Sprachen*, 1/1986.

KUSSMAUL, P., «Übersetzen als Entscheidungsprozess. Die Rolle der Fehleranalyse in der Übersetzungsdidaktik», en Snell-Hornby, M. (ed.), *Übersetzungswissenschaft. Eine Neuorientierung*. Tübingen: Francke, 1986, 206-229.

MATTE BON, F., *Gramática comunicativa del español (Tomo II)*, Madrid: Difusión, 1992.

MYRKIN, V., «Zum System und Modell der deutschen Verbtempora», en *Deutsch als Fremdsprache* 4/1995, 215-218.

NORD, C.: «Wer nimmt denn mal den ersten Satz?», en Lauer, A. (ed.), *Übersetzungs-wissenschaft im Umbruch. Festschrift für W. Wilss zum 70. Geburtstag*. Tübingen: G. Narr, 1996, 313-327.

PRESAS, M., «Enfoque modular de la didáctica: tareas para la adquisición de la competencia traductora», en Elena, P. *et al.* (eds.), *Universo de palabras*. Actas del I Simposio de la traducción del/al alemán, Salamanca 1999, 381-393.

REISS, K., *Möglichkeiten und Grenzen der Übersetzungskritik*. München: Hueber, 1971.

REISS, K.: «Der Ausgangstext - das sine qua non der Übersetzung», en *TextconText* 5/1990, 30-39.

SCHWARZ, M., *Einführung in die kognitive Linguistik*. Tübingen: Francke Verlag, 1996.

SNELL-HORNBY, M. (ed.), *Übersetzungswissenschaft. Eine Neuorientierung*. Tübingen: Francke, 1986.

SNELL-HORNBY, M.: «Übersetzen, Sprache, Kultur», en Snell-Hornby, M. (ed.),1986, 9-29.

WEINRICH, H., *Estructura y función de los tiempos en el lenguaje*. Gredos: Madrid 1974. Título original: *Tempus, besprochene und erzählte Welt* (1964). Traducción de Federico Latorre.

WEINRICH, H., *Textgrammatik der deutschen Sprache*. Mannheim: Dudenverlag, 1993.

WERLICH, E., *Typologie der Texte*. Heidelberg: Quelle & Meyer, 1979.

WILS, W.: «Kontrastive Linguistik und Übersetzungswissensachaft. Versuch einer Abgrenzung», en *Deutsch als Fremdsprache* 1/1994, 13-19.

ANEXOS

Texto III/1

Ein Schild, das Aussicht über die Insel verspricht: OVERLOOK. Es ist sein Vorschlag gewesen, hier zu stoppen. Ein Parkplatz für mindestens hundert Wagen, zur Zeit leer; ihr Wagen steht als einziger in dem Raster, das auf den Asphalt gemalt ist. Es ist Vormittag. Sonnig. Büsche und Gestrüpp um den leeren Parkplatz; keine Aussicht also, aber es gibt einen Pfad, der durch das Gestrüpp führt, und sie haben nicht lang beraten: der Pfad wird sie zur großen Aussicht führen. Dann ist sie nochmals zum Wagen zurückgegangen. Er wartet; sie haben Zeit. Ein ganzes Wochenende. Er steht und weiß nicht, was er im Augenblick grad denkt . . . In Berlin ist es jetzt schon drei Uhr nachmittags . . . Er wartet sonst ungern. Es ist ihr eingefallen, daß sie, um den Atlantik zu sehen, eigentlich ihre Handtasche nicht braucht. Es kommt ihm alles etwas unwahrscheinlich vor, aber nach einer Weile sieht er es als einfache Wirklichkeit: Rascheln in den Büschen, dann ihre Hosen (das verwaschene Hellblau natürlich) und ihre Füße auf dem Pfad, hinter viel Zweigen und Ästen ihr ziemlich rotes Haar. Ihr Gang zum Wagen hat sich gelohnt: YOUR PIPE.

Texto III/1 (traducción publicada)

Un letrero ofrece una visión panorámica de la isla: OVERLOOK. Ella propone que nos detengamos aquí. Hay un aparcamiento, con capacidad para un centenar de coches, actualmente desierto. El suyo es el único ocupante de la cuadrícula pintada sobre el suelo de asfalto. Es casi el mediodía. Hace sol. Matas y arbustos circundan el vacío «parking». No se observa panorámica alguna, aunque sí se adivina una especie de sendero que se adentra por entre la maleza. No se lo piensan dos veces; aquel caminito los llevará al prometido mirador. Ella ha de volver al coche. El la espera: al fin y al cabo, tienen tiempo. Todo un fin de semana por delante. La aguarda de pie, quieto, sin saber a ciencia cierta qué pensamientos ocupan su mente en aquel momento... En Berlín serán ya las tres de la tarde... No le gusta mucho esperar. Se le había antojado a ella que para contemplar el Atlántico no le hacía falta el bolso. A él todo esto le parece un tanto incongruente. Y, sin embargo, pasados unos minutos, lo considera algo muy natural: un rumor en medio de la espesura; luego sus pantalones (de un color azul claro desteñido, naturalmente), sus pies, abriéndose paso por el sendero y, finalmente, entre el confuso ramaje su pelo intensamente rojizo. Bien valía la pena aquella excursioncita: YOUR PIPE.

Texto III/2

ANTIQUARIAT

Inhaber: Karl Konrad Koreander

Diese Inschrift stand auf der Glastür eines kleinen Ladens, aber so sah sie natürlich nur aus, wenn man vom Inneren des dämmerigen Raumes durch die Scheibe auf die Straße hinausblickte.

Draußen war ein grauer kalter Novembermorgen, und es regnete in Strömen. Die Tropfen liefen am Glas herunter und über die geschnörkelten Buchstaben. Alles, was man durch die Scheibe sehen konnte, war eine regenfleckige Mauer auf der anderen Straßenseite.

Plötzlich wurde die Tür so heftig aufgerissen, daß eine kleine Traube von Messingglöckchen, die über ihr hing, aufgeregt zu bimmeln begann und sich eine ganze Weile nicht wieder beruhigen konnte.

Der Urheber dieses Tumults war ein kleiner, dicker Junge von vielleicht zehn oder elf Jahren. Das dunkelbraune Haar hing ihm naß ins Gesicht, sein Mantel war vom Regen durchweicht und tropfte, an einem Riemen über der Schulter trug er eine Schulmappe. Er war ein wenig blaß und außer Atem, aber ganz im Gegensatz zu der Eile, die er eben noch gehabt hatte, stand er nun wie angewurzelt in der offenen Tür.

Vor ihm lag ein langer, schmaler Raum, der sich nach hinten zu im Dämmerlicht verlor. An den Wänden standen Regale, die bis unter die Decke reichten und mit Büchern aller Formen und Größen vollgestopft waren. Auf dem Boden türmten sich Stapel großer Folianten, auf einigen Tischen häuften sich Berge kleinerer Bücher, die in Leder gebunden waren und von der Seite golden glänzten. Hinter einer mannshohen Mauer aus Büchern, die sich am gegenüberliegenden Ende des Raumes erhob, war der Schein einer Lampe zu sehen. In diesem Lichtschein stieg ab und zu ein Rauchkringel auf, wurde größer und zerging weiter oben in der

Texto III/2

6

Dunkelheit. Es sah aus wie die Signale, mit denen Indianer sich von Berg zu Berg Nachrichten zuschicken. Offenbar saß dort jemand, und tatsächlich hörte der Junge nun hinter der Bücherwand eine Stimme ziemlich barsch sagen:

»Wundern Sie sich drinnen oder draußen, aber machen Sie die Tür zu. Es zieht.«

Der Junge gehorchte und schloß leise die Tür. Dann näherte er sich der Bücherwand und guckte vorsichtig um die Ecke. Dort saß in einem hohen Ohrenbackensessel aus abgewetztem Leder ein schwerer untersetzter Mann. Er hatte einen zerknitterten schwarzen Anzug an, der abgetragen und irgendwie staubig aussah. Sein Bauch wurde von einer geblümten Weste zusammengehalten. Der Mann hatte eine Glatze, nur über den Ohren stand je ein Büschel weißer Haare in die Höhe. Das Gesicht war rot und erinnerte an das einer bissigen Bulldogge. Auf der knollenförmigen Nase saß eine kleine goldene Brille. Außerdem rauchte der Mann aus einer gebogenen Pfeife, die aus seinem Mundwinkel hing, wodurch der ganze Mund schief gezogen war. Auf den Knien hielt er ein Buch, in welchem er offenbar gerade gelesen hatte, denn er hatte beim Zuklappen den dicken Zeigefinger seiner linken Hand zwischen den Seiten gelassen – als Lesezeichen sozusagen.

Nun nahm er mit der rechten Hand seine Brille ab, musterte den kleinen dicken Jungen, der da vor ihm stand und tropfte, dabei machte er die Augen schmal, was den Eindruck der Bissigkeit noch erhöhte, und murmelte bloß: »Ach du liebes Bißchen!« Dann schlug er sein Buch wieder auf und fuhr fort zu lesen.

Texto III/2 (traducción publicada)

LIBROS DE OCASIÓN

Propietario: Karl Konrad Koreander

Ésta era la inscripción que había en la puerta de cristal de una tiendecita, pero naturalmente sólo se veía así cuando se miraba a la calle, a través del cristal, desde el interior en penumbra.

Fuera hacía una mañana fría y gris de noviembre, y llovía a cántaros. Las gotas correteaban por el cristal y sobre las adornadas letras. Lo único que podía verse por la puerta era una pared manchada de lluvia, al otro lado de la calle.

La puerta se abrió de pronto con tal violencia que un pequeño racimo de campanillas de latón que colgaba sobre ella, asustado, se puso a repiquetear, sin poder tranquilizarse en un buen rato.

El causante del alboroto era un muchacho pequeño y francamente gordo, de unos diez u once años. Su pelo, castaño oscuro, le caía chorreando sobre la cara, tenía el abrigo empapado de lluvia y, colgada de una correa, llevaba a la espalda una cartera de colegial. Estaba un poco pálido y sin aliento pero, en contraste con la prisa que acababa de darse, se quedó en la puerta abierta como clavado en el suelo.

Ante él tenía una habitación larga y estrecha, que se perdía al fondo en penumbra. En las paredes había estantes que llegaban hasta el techo, abarrotados de libros de todo tipo y tamaño. En el suelo se apilaban montones de mamotretos y en algunas mesitas había montañas de libros más pequeños, encuadernados en cuero, cuyos cantos brillaban como el oro. Detrás de una pared de libros tan alta como un hombre, que se alzaba al otro extremo de la habitación, se veía el resplandor de una lámpara. De esa zona iluminada se elevaba de vez en cuando un anillo de humo, que iba aumentando de tamaño y se desvanecía luego más arriba, en la oscuridad. Era como esas señales con que los indios se comunican noticias de colina en colina. Evidentemente, allí había alguien y, en efecto, el muchacho oyó una voz bastante brusca que, desde detrás de la pared de libros, decía:

Texto III/2 (traducción publicada)

8

—Quédese pasmado dentro o fuera, pero cierre la puerta. Hay corriente.

El muchacho obedeció, cerrando con suavidad la puerta. Luego se acercó a la pared de libros y miró con precaución al otro lado. Allí estaba sentado, en un sillón de orejas de cuero desgastado, un hombre grueso y rechoncho. Llevaba un traje negro arrugado, que parecía muy usado y como polvoriento. Un chaleco floreado le sujetaba el vientre. El hombre era calvo y sólo por encima de las orejas le brotaban mechones de pelos blancos. Tenía una cara roja que recordaba la de un buldog de esos que muerden. Sobre las narices, llenas de bultos, llevaba unas gafas pequeñas y doradas, y fumaba en una pipa curva, que le colgaba de la comisura de los labios torciéndole toda la boca. Sobre las rodillas tenía un libro en el que, evidentemente, había estado leyendo, porque al cerrarlo había dejado entre sus páginas el gordo dedo índice de la mano izquierda... como señal de lectura, por decirlo así.

El hombre se quitó las gafas con la mano derecha, contempló al muchacho pequeño y gordo que estaba ante él chorreando, frunciendo al hacerlo los ojos, lo que aumentó la impresión de que iba a morder, y se limitó a musitar:

—¡Vaya por Dios!

Luego volvió a abrir su libro y siguió leyendo.

Texto III/3

Die Tochter

Abends warteten sie auf Monika. Sie arbeitete in der Stadt. die Bahnverbindungen sind schlecht. Sie, er und seine Frau, saßen am Tisch und warteten auf Monika. Seit sie in der Stadt arbeitete, aßen sie erst um halb acht. Früher hatten sie eine Stunde eher gegessen. Jetzt warteten sie täglich eine Stunde am gedeckten Tisch, an ihren Plätzen, der Vater oben, die Mutter auf dem Stuhl nahe der Küchentür, sie warteten vor dem leeren Platz Monikas. Einige Zeit später dann auch vor dem dampfenden Kaffee, vor der Butter, dem Brot, der Marmelade.

Sie war größer gewachsen als sie, sie war auch blonder und hatte die Haut, die feine Haut der Tante Maria. „Sie war immer ein liebes Kind", sagte die Mutter, während sie warteten.

In ihrem Zimmer hatte sie einen Plattenspieler, und sie brachte oft Platten mit aus der Stadt, und sie wußte, wer darauf sang. Sie hatte auch einen Spiegel und verschiedene Fläschchen und Döschen, einen Hocker aus marokkanischem Leder, eine Schachtel Zigaretten.

Der Vater holte sich seine Lohntüte auch bei einem Bürofräulein. Er sah dann die vielen Stempel auf einem Gestell, bestaunte das sanfte Geräusch der Rechenmaschine, die blondierten Haare des Fräuleins, sie sagte freundlich „Bitte schön", wenn er sich bedankte.

Über Mittag blieb Monika in der Stadt, sie aß eine Kleinigkeit, wie sie sagte, in einem Tearoom. Sie war dann ein Fräulein, das in Tearooms lächelnd Zigaretten raucht.

Oft fragten sie sie, was sie alles getan habe in der Stadt, im Büro. Sie wußte aber nichts zu sagen.

Dann versuchten sie wenigstens, sich genau vorzustellen, wie sie beiläufig in der Bahn ihr rotes Etui mit dem Abonnement aufschlägt und vorweist, wie sie den Bahnsteig entlanggeht, wie sie sich auf dem Weg ins Büro angeregt mit Freundinnen unterhält, wie sie den Gruß eines Herrn lächelnd erwidert.

Und dann stellten sie sich mehrmals vor in dieser Stunde, wie sie heimkommt, die Tasche und ein Modejournal unter dem Arm, ihr Parfum; stellten sich vor, wie sie sich an ihren Platz setzt, wie sie dann zusammen essen würden.

Bald wird sie sich in der Stadt ein Zimmer nehmen, das wußten sie, und daß sie dann wieder um halb sieben essen würden, daß der Vater nach der Arbeit wieder seine Zeitung lesen würde, daß es dann kein Zimmer mehr mit Plattenspieler gäbe, keine Stunde des Wartens mehr. Auf dem Schrank stand eine Vase aus blauem schwedischem Glas, eine Vase aus der Stadt, ein Geschenkvorschlag aus dem Modejournal.

„Sie ist wie deine Schwester", sagte die Frau, „sie hat das alles von deiner Schwester. Erinnerst du dich, wie schön deine Schwester singen konnte."

„Andere Mädchen rauchen auch", sagte die Mutter.

„Ja", sagte er, „das habe ich auch gesagt."

„Ihre Freundin hat kürzlich geheiratet", sagte die Mutter.

Sie wird auch heiraten, dachte er, sie wird in der Stadt wohnen. Kürzlich hatte er Monika gebeten: „Sag mal etwas auf französisch." „Ja", hatte die Mutter wiederholt, „sag mal etwas auf französisch." Sie wußte aber nichts zu sagen.

Stenografieren kann sie auch, dachte er jetzt. „Für uns wäre das zu schwer", sagten sie oft zueinander.

Dann stellte die Mutter den Kaffee auf den Tisch. „Ich habe den Zug gehört", sagte sie.

Peter Bichsel

Texto III/4

Heinrich Böll: Wanderer, kommst du nach Spa... Erzählungen

Sie war kaum gegangen, als die Tür aufgestoßen wurde und ein junger, schmaler Bursche erschien, unrasiert, in hellem Regenmantel; hinter ihm sah ich ein hutloses Mädchen in einem bräunlichen Mantel. Die beiden traten leise, fast schüchtern näher, sagten knapp »Guten Abend« und wandten sich zur Theke. Der Bursche trug die lederne, abgenutzte Einkaufstasche des Mädchens, und obwohl er sichtlich bemüht war, Haltung zu zeigen, Mut und das Benehmen eines Mannes, der täglich mit seinem Mädchen im Hotel übernachtet, sah ich doch, daß seine Unterlippe zitterte und winzige Schweißtröpfchen an seinen Bartstoppeln hingen. Die beiden standen dort wie Wartende in einem Laden. Ihre Hutlosigkeit, die Einkaufstasche als einziges Gepäck gaben ihnen das Aussehen von Fliehenden, die irgendeine Übergangsstation erreicht haben. Das junge Mädchen war schön, ihre Haut war lebendig, warm und leicht gerötet, und das schwere braune Haar, das lose über die Schultern fiel, schien fast zu schwer für ihre zierlichen Füße; sie bewegte nervös die schwarzen staubigen Schuhe, indem sie öfter, als erforderlich gewesen wäre, das Standbein wechselte; dem Burschen fielen ein paar Haarsträhnen, die er hastig zurückstrich, immer wieder in die Stirn, und sein kleiner runder Mund zeigte den Ausdruck einer schmerzlichen und zugleich glücklichen Entschlossenheit. Die beiden vermieden es offenbar, sich anzusehen, sprachen auch nicht miteinander, und ich war froh, daß ich mich umständlich mit meiner Zigarre beschäftigen, sie abschneiden, anzünden, das Ende mißtrauisch betrachten, noch einmal anzünden und rauchen konnte. Jede Sekunde des Wartens mußte eine Pein sein, ich spürte es, denn auch das Mädchen, mochte sie noch so kühn aussehen und glücklich erscheinen, wechselte nun immer öfter das Standbein, zupfte an ihrem Mantel, und der junge Mann fuhr sich immer öfter in die Stirn, aus der nun keine Haarsträhne mehr zurückzustreichen war. Endlich erschien die Frau wieder, sagte leise: »Guten Abend« und setzte die Flasche auf die Theke.

Texto III/5

LUISE RINSER

Die rote Katze

Ich muß immer an diesen roten Teufel von einer Katze denken, und ich weiß nicht, ob das richtig war, was ich getan hab. Es ging damit an, daß ich auf dem Steinhaufen neben dem Bombentrichter in unserm Garten saß. Der Steinhaufen ist die größere Hälfte von unserm Haus. Die kleinere steht noch, und da wohnen wir, ich und die Mutter und Peter und Leni, das sind meine kleinen Geschwister. Also, ich sitz da auf den Steinen, da wächst überall schon Gras und Brennnesseln und anderes Grünes. Ich halt ein Stück Brot in der Hand, das ist schon hart, aber meine Mutter sagt, altes Brot ist gesünder als frisches. In Wirklichkeit ist es deswegen, weil sie meint, am alten Brot muß man länger kauen, und dann wird man von weniger satt. Bei mir stimmt das nicht. Plötzlich fällt mir ein Brocken Brot runter. Ich bück mich, aber im nämlichen Augenblick fährt eine rote Pfote aus den Brennesseln und angelt sich das Brot. Ich hab nur dumm schauen können, so schnell ist es gegangen. Und da seh ich, daß in den Brennesseln eine Katze hockt, rot wie ein Fuchs und ganz mager. »Verdammtes Biest«, sag ich und werf einen Stein nach ihr. Ich hab sie gar nicht treffen wollen, nur verscheuchen. Aber ich muß sie doch getroffen haben, denn sie hat geschrien, nur ein einziges Mal, aber so wie ein Kind. Fortgelaufen ist sie nicht. Da hat es mir leid getan, daß ich nach ihr geworfen hab, und ich hab sie gelockt. Aber sie ist nicht aus den Nesseln rausgegangen. Sie hat ganz schnell geatmet. Ich hab gesehen, wie ihr rotes Fell über dem Bauch auf und ab gegangen ist. Sie hat mich immerfort angeschaut mit ihren grünen Augen. Da hab ich sie gefragt: »Was willst du eigentlich?« Das war verrückt, denn sie ist doch kein Mensch, mit dem man reden kann. Dann bin ich ärgerlich geworden über sie und auch über mich, und ich hab einfach nicht mehr hingeschaut und hab ganz schnell mein Brot runtergewürgt. Den letzten Bissen, das war noch ein großes

Texto III/5

Stück, den hab ich ihr hingeworfen und bin ganz zornig fortgegangen.

Im Vorgarten, da waren Peter und Leni und haben Bohnen geschnitten. Sie haben sich die grünen Bohnen in den Mund gestopft, daß es nur so geknirscht hat, und Leni hat ganz leise gefragt, ob ich nicht noch ein Stückchen Brot hab. »Na«, hab ich gesagt, »du hast doch genauso ein großes Stück gekriegt wie ich, und du bist erst neun, und ich bin dreizehn. Größere brauchen mehr.« – »Ja«, hat sie gesagt, sonst nichts. Da hat Peter gesagt: »Weil sie ihr Brot doch der Katze gegeben hat.« – »Was für einer Katze?« hab ich gefragt. »Ach«, sagt Leni, »da ist so eine Katze gekommen, eine rote, wie so ein kleiner Fuchs und so schrecklich mager. Die hat mich immer angeschaut, wie ich mein Brot hab essen wollen.« – »Dummkopf«, hab ich ärgerlich gesagt, »wo wir doch selber nichts zu essen haben.« Aber sie hat nur mit den Achseln gezuckt und ganz schnell zu Peter hingeschaut, der hat einen roten Kopf gehabt, und ich bin sicher, er hat sein Brot auch der Katze gegeben. Da bin ich wirklich ärgerlich gewesen, und hab ganz schnell weggehen müssen.

Wie ich auf die Hauptstraße komm, steht da ein amerikanisches Auto, so ein großer, langer Wagen, ein Buick, glaub ich, und da fragt mich der Fahrer nach dem Rathaus. Auf englisch hat er gefragt, und ich kann doch ein bißchen Englisch. »The next street«, hab ich gesagt, »and then left and then« – geradeaus hab ich nicht gewußt auf englisch, das hab ich mit dem Arm gezeigt, und er hat mich schon verstanden. – »And behind the Church is the marketplace with the Rathaus.« Ich glaub, das war ein ganz gutes Amerikanisch, und die Frau im Auto hat mir ein paar Schnitten Weißbrot gegeben, so ein ganz weißes, und wie ich's aufklappe, ist Wurst dazwischen, ganz dick. Da bin ich gleich heimgerannt mit dem Brot. Wie ich in die Küche komm, da verstecken die zwei Kleinen schnell was unterm Sofa, aber ich hab's doch gesehen. Es ist die rote Katze gewesen. Und auf dem Boden war ein bißchen Milch verschüttet, und da hab ich alles gewußt. »Ihr seid wohl verrückt«, hab ich geschrien, »wo wir doch nur einen halben Liter Magermilch haben im Tag, für vier Personen.«

Impreso en el mes de febrero de 2001
en Domingraf S. L.
Mollet del Vallès
(Barcelona)